FINANCIAL SHARED
SERVICES COURSE

# 财务共享服务教程

孙玥璠　孙彦丛　◎著

中国财经出版传媒集团

经济科学出版社
Economic Science Press

# 序 一

拿到我的学生撰写的这本《财务共享服务教程》时非常欣喜，她博士毕业后一直在高校从事新技术（"大智移云物"等）应用于财务管理创新的研究，理论联系实践，从而体现了专注、与时俱进的学者风范。

近四十年前，福特（FORD）公司在底特律创建了全球第一个财务共享服务中心。之后经历了持续多年的发展，财务共享服务模式不断为各国知名企业集团采纳、探索，并呈现出各自的特色。在我国，自 2005 年中兴通讯建立了财务共享服务中心，至今近二十年时间，仅中央企业就有一半已经或者正在建立财务共享服务中心（数据截至 2019 年 5 月 31 日），可谓方兴未艾。

今天，数字化转型作为"十四五"期间的重要规划，从国家战略层面为企业、企业管理指明了方向和提出了要求。可以说，随着信息技术的迅猛发展，在企业管理中更好地应用技术，帮助企业做好管控、支持决策、实现战略目标，这一"新基建"的进程和速度是在加快的。其中，财务数字化转型也同样面临"加速度"。在这样的背景下，财务共享服务作为财务数字化转型的切入点，利用新技术对于会计流程再造和会计组织模式变革都具有重要的理论和现实意义。高等院校学生对之进行系统性的学习、认知、把握，已经提上日程。

这本《财务共享服务教程》，非常及时地为大家提供了学习所必需的教材。作者谨守出一本好教材的初衷，将教材与商业畅销书和学术研究著作区别开来，注重教材编写逻辑和行文的明晰性、可理解性。这一点看似容易，实际上需要扎实的功夫和切实的时间、精力付出。特别是财务共享服务这样的"新兴事物"，在实务界、IT 界可能已经开展了一定时间和范围的讨论，但在会计学科发展和教材建设方面，没有国外经典和成熟先例可供参考，而本书作者愿意付出心力尝试和探索，是令人欣慰的。

本书的一大特色是注重新技术与会计学科体系的融合与发展。财会和相关专业的学生，他（她）们在缺乏工作实践的状态下，专业知识基本上来源于他（她）们学习的专业课。而实践中对于创新事物的描述和总结，特别是基于新技术的管理创新模式方面，在互联网技术快速迭代的今天，新的体系、名词层出不穷，它们在很多情况下与同学们的财会知识结构不匹配。本书作者基于十多年的会计教学经验，熟悉现有会计学科体系内各相关课程内容，理解同学们的知识结构，沿着现有会计学科知识体系脉络和新技术环境讲解新知识，说会计人能听得懂的话，讲会计人需要学习的事。作者还特别注重概念和概念体系的逐本、溯源、辨析，这样能提高同学们未来在职场中将新生事物融入自己知识体系的能力。

本书的另一大特色是注重实用性。这本教材强调基于会计学科体系阐述财务共享服务的基本原理、基本方法和需要掌握的基本操作技能，在信息爆炸的今天，将一个复杂的、不断涌现各种说法的新事物，化繁为简，抽取出本质呈现给同学们。唯有简洁明晰，同学们才能易学、易懂，最终将新知识纳入自己的知识体系。为了增加实用性，本书还拿出了一半章节，通过设计企业仿真案例，采用现有真实软件系统实现，展示其中的角色安排、流程设计和实操任务配置。这种理论与实务相结合的设计，相辅相成，增加了教材的可理解性和实用性，体现了本书创作的用心。

在此，特向全国高等院校财会和相关专业教师、同学们，以及工商管理领域所有对财务共享服务有兴趣的同仁们，推荐本书。希望本书能够在财务共享服务相关教与学的过程中贡献它的一份力量。

中国人民大学 商学院
张瑞君
2021 年 1 月

# 序 二

我们生活在一个飞速变革的新时代，新思想、新趋势、新机遇、新挑战层出不穷。企业的快速成长对财务提出了更高的要求，财务部门不仅仅要完成"票账表钱税"，在新的经济形势下，如何支持越来越复杂的业务经营过程，如何支持公司全球化的战略，是财务部门必须要思考的问题。可以说，财务必然要做出变革和创新，转型势在必行。

信息技术的每一次突破，对人类社会的改变都具有指数效应。会计行业也是如此，财务经历了算盘、计算器、计算机的工具演变，经历了从会计电算化到 ERP 系统推动的业务财务一体化再到财务云，技术进步引发了财务的数次变革。可以说，信息化推动财务发展，财务发源于商业，完善于信息技术革命，受信息化的推动逐步创新。

从会计电算化到 ERP 系统的应用，财务转型的万里长征才刚刚启程。第二步是实现财务的"工业化革命"，建立财务共享服务中心。财务共享服务起源于 20 世纪 80 年代的跨国企业，我国共享服务行业实践起步较晚，从 2005 年中兴通讯建成中国企业的第一家财务共享服务中心开始，经过十几年的发展，共享服务在我国得到了积极推动。财务共享服务实现了财务基础业务的专业化、标准化、流程化和信息化，打破了财务工作流程、财务组织和财务系统的地域和空间限制，因此，财务共享服务可以说是财务的工业化革命。

在共享服务的基础上，未来财务将向着自动化、智能化和数字化的方向完成第三步跃迁。数字经济时代的浪潮下，以大数据、人工智能、移动互联、云计算和物联网为代表的新兴技术正在掀起新一轮财务变革。技术让财务部门有能力实现企业业务相关全量数据的采集，让财务有能力进行数据的变化、对比、预警和预测分析，发挥"导航仪"的功能，使企业能够预测未来趋势、合理制定战略决策，包括业务洞察、资源分配优化、经营预测、交易方选择和预警、现金流动态模拟等。财务将从会计科目的小数据集向大数据中心转型，帮助企业用数据去管理、用数据去决策、用数据去创新，成为企业的"数字神经系统"。

"风起于青萍之末"。共享服务模式的普及、专票电子化试点的稳步推进、日新月异的技术发展、逐渐丰富的智慧财务应用场景等等无一不在深刻地影响着财务工作的方方面面。当前理论界和实务界有许多关于新兴技术应用以及财务数字化未来的讨论，我们不禁思考，财务人员以及相关专业的学生应该如何应对变化，如何获得竞争优势？

面对瞬息万变的外部环境以及颠覆性技术的巨大冲击，唯有拥抱变革才能适应时代赋予财务人员的新角色。未来行业更需要高端会计人才，财务人员的职业能力应该是财务、商业、人际和数据四个部分的有机结合。敏捷的财务专业能力、商业逻辑理解力、沟通与领导能力、数据价值发掘能力，加上对管理、金融、法律、技术的理解，构成一个合格的财务人必备的素质，也是每一个财务人应该努力的方向。

理论是实践的基础，实践则是深入理解理论的最佳途径。这本《财务共享服务教程》是一本将理论知识与实践案例相结合的专业教材，是一座架在理论与实务之间的桥梁，也是财务领域产学结合的丰硕成果。本书兼顾了财务共享服务的基本理论、实现方法和基本操作技能，能够帮助学生快速建立起财务共享服务基本理论的知识体系；应用部分以经过充分实践检验的中兴新云 FOL 财务云信息系统为实操平台，案例设计符合企业实际，更贴近应用型人才培养的需求，能够帮助学生学会如何运用所学知识。

我们的团队非常荣幸地能够参与到这本专著的写作中来，我一直希望中兴新云在共享服务领域的实践经验能够反哺会计教育，让学生们能够带着疑问和好奇之心走进课堂，带着答案和信心走出校门，投入工作岗位，切实地了解财务共享服务，了解会计行业的过去现在和将来。起初，我们把工业工程的思想融入财务流程，建立了财务共享服务；把通讯技术的理念融入财务系统，再造了财务云平台；把改变会计、再造财务的愿景融入团队精神，形成了成熟的解决方案和知识沉淀。现在，我们不仅希望能够帮助中国企业在实施财务共享服务时少走弯路，还期待与高校的老师和同学们分享财务共享管理理念和实践经验，提供产学研合作教学的平台。

在此，特向所有会计及相关专业的学生推荐本书。作为信息时代的"原住民"，你们有着更快速的学习能力和更强烈的求知精神，希望学习本书后你们能有所收获、有所启发，财务的未来将由你们创造！

深圳市中兴新云服务有限公司

陈虎

2021 年 1 月

# 前 言

## 一、本书的写作背景和定位

长久以来，财会教育和企业信息系统实践一直存在着两个"世界"、两种"语言"的现象。学生经过校园学习后进入财会工作岗位，对本单位财会工作组织和运转缺乏系统的认识，对自己的岗位缺乏深刻理解，甚至发现工作实操中常用的名词都是陌生的。在信息化进程比较快的大型企业和企业集团中，这种现象尤其明显。这样的"信息孤岛"是实践界进取创新和教学工作沉淀总结的时间滞后效应产生的，它的存在是合理的，而不断地消除它是作为一名教育工作者要一直努力的。

今天，数字化转型大背景下对财会人才需求的变化已经催生了财会教育变革的大背景要求。财务共享服务经历了多年实践探索也已相对成熟，满足了进行系统性归纳和进一步与目前会计教学体系衔接、融合的基本条件。同时，随着被越来越多的企业集团采纳，财务共享服务作为对于会计流程再造和会计组织模式变革都具有突出典型性的代表，将其作为会计教材和教学改革的一个切入点，正当其时且有价值。

基于这样的背景，本书的定位是做一本隶属于会计学科体系、与已有会计教材紧密衔接，强调"三基"（即财务共享服务的基本理论、基本方法和基本操作技能），面向全国高等院校会计和相关专业的学生讲授财务共享服务理论和实务的教材。本书的目的是让学习了其他会计专业基础课程的学生学习本课程后不困惑、有收获。为此我们放弃使用目前市面上企业和咨询公司的大量现成的商业化的资料，在写作的整个过程中，严守本书作为基础教材的定位。

## 二、本书的写作思路

本书以财务共享服务概念为起点，在一般意义上能体现在财务共享服务优势的应用范围内，结合信息技术对会计流程的再造和目前财务共享服务工作中的信息系统组成，按照财务会计中企业基本经济业务会计核算共享实务和管理会计中基本共享实务（以预算控制为代表）的内在逻辑，讲授财务共享服务理论要点与相应实务操作，最后阐述先进技术对财务共享服务的支持以及财务共享服务中心建设的相关要点，完成整个财务共享服务基本理论与实务的知识体系。

本书各章结构安排如下：

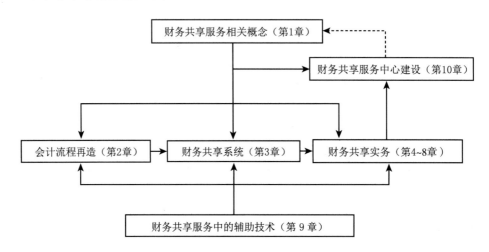

### 三、本书的特点

1. 注重会计学科体系的系统性。无论是本书的写作逻辑还是行文风格，都强调与目前会计学科体系其他基础课程的衔接与融合，注重讲清楚各种概念之间的关系和始末缘由，如财务共享服务模式的产生、发展和适用范围以及与会计其他课程的关系，又如几次会计流程再造的历史沿革、特点和趋势，等等。只有这样，会计及相关专业的学生学习财务共享服务时才不会困惑。

2. 强调"三基"，注重实用性。本书在会计基础课程的基础上，从财务共享服务这一新的视角阐述其基本理论、基本方法和需要掌握的基本操作技能，这三者又是相互联系的一个整体，共同组成财务共享服务基础知识体系。同时突出实用性，本书用一半的篇幅讲解财务共享服务实务，通过引入一整套仿真案例，采用先进软件系统实现，具体演示财务共享服务中的各流程和不同角色分配与任务操作。

3. 主题明确，逻辑清晰，陈述严谨，深入浅出。本书主题定位是一本讲授财务共享服务理论和实务的教材，严守基础教材的定位，与 IT 畅销书和研究型著作相区别，不夸张、不随意使用概念、不炫技。特别是在实务界创造和应用概念迭代周期越来越短的今天，本书努力做到用词严谨、辨析清楚，如本书讲解了管理信息系统

（MIS）的概念和多维分类模型、回顾了企业资源计划（ERP）概念的产生和特点、分析了会计信息系统（AIS）的概念和与 ERP 的关系，从而为会计及相关专业的同学们解惑。同时本书设计风格和行文都尽量考虑尚未步入职场的同学们的需求，努力化繁为简、深入浅出，增强教材提供信息的有用性和明晰性。

4. 内容前沿，形式活泼。财务共享服务这一视角本身就具有会计学科体系中的前沿性，本书在此基础上又特别注重总结和展现新事物、新发展。如本书展现员工直接使用手机登录 App 进行移动报销的费用报销共享全流程，介绍智能识别（OCR + AI）和机器人流程自动化（RPA）在财务共享服务中的应用，前瞻性地分析财务共享服务中心未来的发展趋势和演变，等等。本书还特别设计了仿真案例企业不同角色的人物形象，乃至为他们起名字都希望活泼有趣，愿同学们的学习过程是勤奋专注的，也是快乐的。

本书由孙玥璠设计、拟定提纲和执笔。我的研究生们为本书成稿也付出了大量的心血：蒋帆参与了第 5 ~ 8 章的写作，胡正威参与了第 9 章和第 10 章的写作，周成伟制作了除系统截图外全书所有的插图，蒋帆、刘名好、王福岭、马爽和周成伟参与了第 5 ~ 8 章财务共享服务实务的全套案例制作，还要特别感谢蒋帆完成了全书文稿的校对；此外，张真昊博士参与了第 9 章和第 10 章的写作；深圳市中兴新云服务有限公司（以下简称"中兴新云"）孙彦丛、禹萌、王沫萱对本书成稿、特别是财务共享服务实务部分的写作帮助巨大；还要感谢中兴新云宋影杰、秦润姿、彭甜甜协助进行系统截图，特别是宋影杰承担了大部分的工作；感谢北京工商大学传媒与设计学院王瑞宁绘制了案例企业的全部人物插画；还要特别感谢经济科学出版社编辑等各部门在出版方面付出的辛苦努力。

虽然努力，错漏难免，恳请广大专家、读者和所有热爱财务信息化、对之有兴趣的朋友们批评和指正。在大家的帮助下，我们会不断进步。

孙玥璠

2021 年 1 月 北京

# 案例企业相关人物全家福

## 一、中国日昌科技集团财务共享服务中心

初审会计
沈明明

复审会计
何正

预算专员
于洋

预算复核员
图清

资金会计
付佳悦

## 二、北京太阳精密电子有限公司

行政部经理
郑文

行政部助理
米丽

销售部经理
钱进

销售部业务员
肖贵

物流部库管
管晓燕

采购部经理
靳莱

采购部业务员
买易

人力资源部经理
任辉

人力资源部薪酬专员
辛小颖

# 目 录

Contents

**第1章 绪论 / 001**

1.1 财务共享服务历史沿革 / 001

1.2 财务共享服务概念界定 / 005

1.3 财务共享服务价值 / 008

1.4 本书的逻辑主线与结构 / 010


**第2章 财务共享服务中的会计流程再造 / 016**

2.1 流程再造理论与方法 / 016

2.2 传统会计流程的问题分析 / 020

2.3 财务业务一体化的会计流程再造 / 024

2.4 集成财务控制的会计流程再造 / 026

2.5 财务共享服务中的会计流程再造 / 029


**第3章 财务共享服务中的信息系统 / 036**

3.1 管理信息系统 / 036

3.2 ERP和会计信息系统 / 040

3.3 财务共享服务中的信息系统 / 045


**第4章 费用报销共享 / 062**

4.1 费用报销业务的特点 / 062

4.2 费用报销共享流程 / 063

4.3 费用报销共享业务实例 / 065

**第 5 章　销售与收款共享　/　088**

5.1　销售与收款业务的特点　/　088

5.2　销售与收款共享流程　/　089

5.3　销售与收款共享业务实例　/　092

**第 6 章　采购与付款共享　/　114**

6.1　采购与付款业务的特点　/　114

6.2　采购与付款共享流程　/　115

6.3　采购与付款共享业务实例　/　117

**第 7 章　薪酬共享　/　141**

7.1　薪酬业务的特点　/　141

7.2　薪酬共享流程　/　143

7.3　薪酬共享业务实例　/　144

**第 8 章　财务共享服务中的预算控制　/　161**

8.1　预算控制与财务共享　/　161

8.2　财务共享服务中的预算控制实例　/　163

**第 9 章　财务共享服务中的辅助技术　/　182**

9.1　智能识别（OCR＋AI）　/　182

9.2　机器人流程自动化（RPA）　/　188

**第 10 章　财务共享服务中心建设　/　199**

10.1　财务共享服务中心规划　/　199

10.2　财务共享服务中心运营管理　/　206

10.3　财务共享服务中心风险管理　/　212

10.4　财务共享服务中心未来发展趋势　/　214

**参考文献　/　219**

# C第1章
## hapter 1 绪论

 **学习提要与目标**

本章作为全书的开篇，首先，介绍了财务共享服务的历史沿革，从 20 世纪 80 年代初福特公司成立第一家财务共享服务中心以来，财务共享服务经历的几个阶段，各阶段的特点以及成因；其次，在阐述共享服务概念的基础上给出财务共享服务的定义，并介绍了财务共享服务的特点和通常的适用范围；然后，介绍了财务共享服务能够给企业带来的价值；最后，指出本书的会计学学科属性以及财务共享服务与其他各门会计学专业课程的关系，阐述本书的逻辑主线，介绍本书的结构安排、主要内容与特色，从而为全书的学习奠定基础。

通过本章的学习，应掌握：

- 财务共享服务两个历史阶段的特点；
- 财务共享服务的定义；
- 财务共享服务的特点；
- 财务共享服务的适用范围；
- 财务共享服务的价值。

## 1.1 财务共享服务历史沿革

### 1.1.1 财务共享服务初始阶段

20 世纪 70 年代至 80 年代初，西方工业经济时代竞争的主要焦点在于如何有效地降低成本。随着企业全球化与跨国公司的迅速发展，为节约成本而设计的共享服务模式应运而生，而共享服务模式应用最为广泛的领域就是财务共享服务。80 年代初，美国福特公司率先成立财务共享服务中心，随后杜邦、通用电气等大型企业集团也开始尝试财务共享服务模式。之后财务共享服务开始从制造业向零售、医药、金融业、IT 和通信等许多行业延伸。至 90 年代，财务共享服务已经在欧美地区成型，并开始向亚洲和澳洲扩展。整个 80 ~ 90 年代，诸多耳熟能详的知名企业建立了自己的财务共享服务中心，如 IBM、辉瑞、惠普、道尔、摩托罗拉等。

## 专家观点

### 财务共享服务已是大势所趋

共享服务出现于 20 世纪 80 年代的美国，90 年代初期到了欧洲。虽然一些公司后来从共享中心撤回了某些业务（由于口音问题，很多与语音有关的工作内容从离岸 BPO 中心撤回），但共享服务在绝大多数情况下都取得了成功。目前，它被认为是财务职能部门最佳实践的关键要素之一。这是"大势所趋"，任何拥有多个后台办公财务职能部门的组织，无论这部分职能属于内控还是外包给第三方，都能从共享服务的架构中受益。人口红利在过去十年间催生了大量近岸和离岸服务（比如东欧和印度）。但是在未来 10 ~ 15 年，这种模式将逐渐淡出。这些地方将在相当程度上丧失目前的吸引力。但即使从这些低成本地点上获得的成本套利空间不大，依然可以得到其他收益，比如采取某一种最佳做法以及更高产的流程，更合理的控制区间，以及标准化、改良的数据和报告等。这些都能确保整合财务处理流程，甚至是更高价值的活动都能不断产生商业效益。毕竟这已经是大势所趋。

——彼得·摩勒（Peter Moller），德勤会计师事务所合伙人

资料来源：陈虎等，《从新开始——财务共享 财务转型 财务职能化》，中国财政经济出版社，2017。

随着实践中的不断突破创新，相关理论也不断被归纳和总结。1993 年，Gunn Partners 公司创始人罗伯特·W. 冈恩（Robert W. Gunn）及其合作者们首次提出了共享服务（Shared Service）的概念，认为共享服务是一种创新的管理模式，这种模式的本质在于将分散管理模式向集中管理模式转型，在提供某项服务时共享组织的人员和技术等资源，通过集中管理和更少的层级结构使企业获得节约成本等优势。

1997 年，德勤会计师事务所合伙人彼得·摩勒（Peter Moller）提出，共享服务中心（Shared Service Center，SSC）是一个可以为企业业务流程带来支撑保障的独立实体，它拥有一定的资源，能够为企业内的不止一个业务单元（分公司、子公司或者业务部门）提供明确的支持服务，并与被服务的各业务单元之间通过正式或者非正式的契约保持一定的契约关系。之后，很多专家、学者对共享服务和财务共享服务的概念、应用模式、能为企业带来的价值等方面进行了总结，给出了自己的观点并形成理论体系。

共享服务的概念和相关理论的提出与总结帮助实务部门统一和增进了对共享服务的认识，也为财务共享服务实践的进一步发展、创新奠定了基础。与此同时，20世纪 90 年代前后，西方国家一系列管理思想的提出和企业管理信息系统的进步，也为企业财务共享服务实践的发展提供了土壤。1985 年，哈佛大学迈克尔·波特（Michael Porter）教授提出价值链（Value Chain）理论；1993 年，哈佛大学迈克尔·哈默（Michael Hammer）教授提出业务流程再造（Business Process Reengineering，BPR）理论；之后麻省理工学院维斯特尼教授及其合作者们将现代企业组织结构理论发展为强调简化组织结构、减少管理层次，即组织结构扁平化理论；1990 年 Gartner Group 发表文章，总结了当时管理信息系统的发展以及出现的新技术、新方向，提出了企业资源计划（Enterprise Resource Planning，ERP）系统的概念。这些理论对财务共享服务内涵的不断丰富、应用模式的探索创新起到了推动作用。

## 1.1.2 财务共享服务持续发展阶段

跨入 21 世纪，财务共享服务进入持续发展阶段。随着新兴经济体的快速发展和跨国公司的巨幅扩张，财务共享服务模式在全球范围内快速发展。超过 50% 的《财富》世界 500 强企业和超过 80% 的《财富》世界 100 强企业建立了财务共享服务中心。并且，在"大智移云物"日新月异的信息技术支持下，财务共享服务不再满足于仅仅为企业节约成本，而是已经发展为追求服务质量和效率的提高、成为企业数据处理中心和业务管理中心、为企业提供决策支持以及支持企业战略实现等多元目标。

1999 年，摩托罗拉在天津成立了亚洲结算中心，是其财务共享服务中心的前身；2004 年，惠普在大连建立了财务共享服务中心，服务韩国、日本和中国的机构；2007 年，辉瑞在大连建立财务共享服务中心亚太分部；2009 年，DHL、白得集团在中国设立共享服务中心……越来越多的知名国际企业在中国建立共享服务中心，很多不仅服务于中国境内分支机构，而且辐射整个亚太地区。

随着财务共享服务概念被逐渐引入，我国企业也开始尝试采纳财务共享服务模式。2005 年，中兴通讯成为第一个建立了财务共享服务中心的中国企业；2006 年，华为开始建立财务共享服务中心；2007 年，海尔成立财务共享服务中心；2008 年，长虹成立财务共享服务中心……众多中国企业纷纷开始财务共享服务的实践。2013 年，在财政部和国资委的政策鼓励下，很多央企陆续开始规划和建设自己的财务共享服务中心，掀起了国内财务共享服务的热潮。"一带一路"倡议提出后，越来越多的中国企业"走出去"，也开始大量建设共享服务中心。中国企业的财务共享服务实践逐渐发展、壮大，开始了自己的探索和突破，并在世界舞台上崭露头角。

---

相关链接

## 中央企业财务共享服务建设情况

截至 2019 年 5 月 31 日，国资委出资的 97 家央企中，48 家已建立或正在建立财务共享服务中心（49%），49 家尚未建立（51%），几乎各占一半。

从建设阶段来看，我们将央企财务共享服务中心分为如下四类。

已建立（31 家，32%）：已完成集团或多个下级单位共享服务中心的建设并上线运营。

初步试点（6 家，6%）：在集团层面或下级单位中，仅完成个别单位的试点工作，还未推广；或仅上线了信息系统，人员与业务未集中。

规划中（11 家，11%）：集团或下级单位已启动财务共享服务中心项目，但未上线。

未建立（49 家，51%）：没有任何资料表明该企业建立了（或规划建立）财务共享服务中心。

资料来源：《国资报告》2019 年 8 月总第 56 期。

---

政府有关部门对于推广财务共享服务模式是支持和重视的。2013 年财政部印发《企业会计信息化工作规范》，其中要求"分公司、子公司数量多、分布广的大型企业、企业集团应当探索利用信息技术促进会计工作的集中，逐步建立财务共享服务中心"。2014 年财政部印发《关于全面推进管理会计体系建设的指导意见》，其中提

出"鼓励大型企业和企业集团充分利用专业化分工和信息技术优势，建立财务共享服务中心，加快会计职能从重核算到重管理决策的拓展，促进管理会计工作的有效开展"。国资委也鼓励中央企业和地方国有企业通过建立财务共享服务中心，推动集团公司加强国有企业财务管理信息化和加快实现财务转型，近几年还为中央和地方国有企业举办了多期财务转型与财务共享信息化建设培训班。2020 年国资委颁布《关于加快推进国有企业数字化转型工作的通知》，部署加快推进国有企业数字化转型工作的有关事项，特别指出"着力推动电子商务、数据资产运营、共享服务、平台服务、新零售等数字业务发展，打造规模化数字创新体"。有了政府对财务共享服务建设的支持与重视，未来财务共享服务模式在我国会被更多的企业采纳，并不断发展出自己的特色，为帮助企业获得竞争优势、提升企业价值做出新的贡献。

## 1.2　财务共享服务概念界定

### 1.2.1　财务共享服务的定义

财务共享服务的概念源于共享服务。国内外很多专家学者对共享服务给出过自己的定义。其中，1999 年，普华永道会计师事务所合伙人多尼尔·S. 舒尔曼（Donniel S. Schulman）及其合作者们在著作《共享服务：为业务部门增值》（*Shared Services：Adding Value to the Business Units*）中将共享服务定义为：将公司内部跨组织的资源集中在一起，以更低的运营成本和更优质的服务为多样的内部合作伙伴提供专业服务，以最终提升企业价值。美国管理会计师协会（Institute of Management Accountants，IMA）发布的《管理会计公告——建立共享服务中心》中使用下列特征定义共享服务中心：（1）作为一个独立的组织运行；（2）为不止一个机构（例如分部、经营单元）提供明确定义的流程或知识型服务；（3）拥有自己专用的资源；（4）利用与其内部客户的契约安排（称为"服务水平协议"）明确所提供的服务的类型、范围和价格等；（5）全面负责管理其服务的成本、质量和时效。IMA 还在这个公告中提出，支持发展共享服务的基本思想是，最佳实践管理理念和领先的技术相结合就能以最低的成本向内部客户提供最高价值的服务。

财务共享服务是共享服务模式在实践中应用得较早、也是应用得最多的领域。

德勤 2011 年的全球共享服务调查显示，受访企业采用共享服务模式最多的领域是财务（93%），其次是人力资源（60%）、信息技术（48%）和供应链/采购（47%）。因此，财务共享服务概念实际上衍生自共享服务概念，财务共享服务具有共享服务的所有特点。

很多专家学者都概括过财务共享服务的定义，总体来讲，财务共享服务是指企业集团将分散于各单位的财务业务，通过标准化和流程再造，集中到一个新的财务组织进行统一处理的新型作业管理模式。这个新的财务组织就是财务共享服务中心，通常是一个独立的实体，设有专门的管理机构。财务共享服务中心建立在信息技术和系统的基础上，是企业集团的财务服务平台，也是各成员单位的会计业务运作中心、财务数据中心和服务中心。

## 1.2.2　财务共享服务的特点

如前所述，财务共享服务概念衍生自共享服务概念，财务共享服务具有共享服务的所有特点。共享服务作为一种创新的管理模式，虽然在发展的不同阶段在服务对象、服务方式上有一些差异，但其表现出的总体特点是始终保持一致的。陈虎和孙彦丛在《财务共享服务》一书中，将共享服务特点概括为规模性、专业性、统一性、技术性、协议性和服务性。

（1）规模性：共享服务管理模式最具吸引力的部分在于，它能够通过合并以前协调性非常差，甚至迥异的业务活动来形成规模经济，从而降低企业的交易成本。

（2）专业性：共享服务中心是一个相对独立的实体，拥有专业化的知识和人员，为客户提供专业化的共享服务。

（3）统一性：共享服务的关键在于对集中起来的不同业务单位的非标准化业务流程进行标准化，建立统一的操作模式，运作统一的流程，执行统一的标准。

（4）技术性：共享服务很大程度上依赖于高效率、高度集成的软件系统、电子通信技术及其他各种辅助技术。

（5）协议性：通过签订服务水平协议，界定共享服务中心与客户的实际关系，明确所提供服务的类型、范围、期限、质量标准和价格等。

（6）服务性：以客户需求为导向，以提高服务对象满意度为宗旨，从理念上将业务处理转变为服务，把服务变成商品，以服务为中心。

### 1.2.3 财务共享服务的适用范围

从财务共享服务的定义和特点可以看出，财务共享服务是将分散于各单位的财务基本业务集中到财务共享服务中心进行统一处理，同时财务共享服务应具有规模优势。因此，财务共享服务模式通常适用于分公司、子公司分散在很多地区或者跨国的大型企业集团，这样才能体现集中的规模优势。

而从进行共享的财务业务内容来看，首先这些业务必须是被大量重复进行的财务业务，否则同样无法实现规模效应。同时，因为财务共享服务要采用标准化的流程、运作模式和规则，统一处理不同单位的财务业务，这就要求这些被共享的业务必须是易于实现标准化、流程化的财务业务，否则无法实现财务共享服务的统一性特点。

因此，财务共享服务的一般适用范围是跨地区、跨国大型企业集团中大量重复、易于实现标准化、流程化的财务业务。

---

相关链接

## 我国财务共享服务范围的调研结果

2013 年，特许公认会计师协会（Association of Chartered Certified Accountants，ACCA）与德勤管理咨询进行了对中国企业财务共享服务现状的问卷调研。关于财务共享服务范围部分的问卷结果显示：

对于交易性业务流程，应用了财务共享服务的被调研企业中，超过70%进行了应付账款业务的共享（或外包），超过60%进行了费用报销、应收账款、总账、员工薪酬的共享（或外包）。

对于高价值流程，应用了财务共享服务的被调研企业中，也有接近50%进行了财务及法定报告、税务分析、纳税申报以及资金运作管理的共享（或外包），原因是这些流程和交易性流程的联系比较紧密，存在前后端的关系，更容易被标准化。

同时，调研结果还发现，企业纳入财务共享服务范围的财务流程种类，会随着企业现有财务模式使用年限和成熟度的提高而上升。也就是说，随着企业应用财务共享服务模式的时间增长，企业建设财务共享服务中心的经验和成熟度增长，企业会把更多的适合纳入共享的财务业务应用共享模式进行统一处理。

资料来源：ACCA、德勤管理咨询，《中国企业财务共享服务现状调研报告（2013）》。

未来财务共享服务中心还具有业务延伸、共享服务一体化和全球化等趋势，具体内容在本书最后一章"财务共享服务中心建设"的最后一节"财务共享服务中心未来发展趋势"中进行详细介绍。

## 1.3　财务共享服务价值

财务共享服务作为一种新型的管理模式，可以提升企业集团整体财务水平，从成本、标准化、质量、风险和战略等方面为企业带来价值。

**1. 降低企业成本**

财务共享服务的基本价值在于帮助企业降低成本，主要包括以下几个方面。

（1）降低企业人力成本。在实施财务共享服务之前，企业存在员工工作量不饱和以及工作分配不均匀的现象。各个单位之间财务工作量存在差异，但是仍然需要为每个单位设置相同的岗位和人员。同时，还存在工作量较大的岗位常常人手不足，完不成工作，而其他岗位因为业务流程的阶段性不同则处于空闲状态。长此以往，不但会拖延企业的工作效率，同时还会降低员工的工作积极性。实施财务共享服务之后，企业不需要再为每个单位单独设置相同的岗位，而是由财务共享服务中心统一处理业务，同时以工作量为考核方式对共享中心的财务人员进行考核，充分发挥共享中心财务人员的积极性。

（2）降低企业运营成本。企业在实施共享服务之前，每个单位基本都必须配备有完整的财务岗位和其他职能岗位，以保证企业能够正常运转。因此，企业需要一定的办公空间以满足工作需要。而如果企业的办公地点位于大型城市的中心地带，则土地价格和房屋租金昂贵，相应的运营成本也较高。而共享服务中心则打破了这一限制，可以选择建立在成本较低的地区，大幅降低企业运营成本。

（3）降低企业管理成本。在企业实施财务共享服务后，消除了很多非增值作业和重复的业务流程节点，并将财务工作集中处理，财务人员集中在共享中心办公。使得企业财务管理的组织结构上更加扁平化，降低了企业的管理成本。

**2. 实现企业标准化**

企业实施财务共享服务之后可以实现财务管理的标准化，主要包括以下几个方面。

（1）数据口径标准化。企业在实施财务共享服务之前各子公司的会计科目、会计政策和数据标准可能存在很多标准不一的地方。这会给母公司提供有偏差的财务数据，从而造成决策失误。而在构建财务共享服务之后，有利于企业建立标准的数据口径，形成层级清晰、结构合理、释义明确、辅助信息完整的会计科目体系，建立合规、统一的会计政策以及统一规范的数据标准体系。使得财务数据口径一致，更好地为企业决策提供支持。

（2）业务流程标准化。企业在实施财务共享服务之前，各子公司的业务处理流程可能存在很多不相同的地方，这样就会导致企业办事效率较低，业务人员会耗费大量精力在流程处理上面。而在实施财务共享服务之后将原来分散在不同业务单位进行的活动和资源整合在一起，优化了企业业务流程的标准化，有助于企业工作效率的提高。

（3）管理制度标准化。企业在实施财务共享服务之前，不同的子公司之间管理制度可能存在差异，管理水平参差不齐，人为因素对管理效果影响较大。而在企业实施财务共享服务之后，为各单位的管理制度提供了标准，带动了各单位管理水平的提升；同时，减少了人为因素对管理的干扰，促进了企业整体管理的标准化和规范化。

### 3. 改进财务服务质量，提升财务工作满意度

企业在实施财务共享服务之前，各子公司的财务服务水平不一，部分财务服务跟不上业务发展的进度，往往会造成业务推进进度缓慢，甚至是给企业带来损失。同时，由于财务服务质量较低，不能更好地为单位的其他部门员工提供高效便捷的服务而造成其他部门员工对财务部门有所抱怨，不利于财务部门与其他部门相互配合为企业发展提供帮助。而在企业实施财务共享服务以后，共享服务中心员工可以为各子公司提供标准化业务，同时雇用专业的员工成为流程专家，持续优化流程、提高效率，保障共享服务中心的工作质量，不断提升其他部门对财务工作的满意度。

### 4. 加强企业管控，降低企业风险

企业在实施财务共享服务之前，各子公司对自身业务和财务数据进行独立处理与核算，子公司可能存在为了自身利益而违反企业规章制度的情况。这样增加了企业的财务风险、税务风险和经营风险，不利于母公司对子公司的直接管控和风险监控。而企业实施财务共享服务之后，集中了企业的全部财务业务，可以对子公司进

行全面监控，实时了解其财务状况。在一定程度上降低了子公司可能遇见的风险，也加强了企业的管控能力。

**5. 推动企业财务转型**

企业在实施财务共享服务之前，各子公司的财务人员需要耗费大量精力在数据录入及其他非增值流程上。而在企业实施财务共享服务之后，各子公司的财务人员就可以将主要精力放在管理会计上，更好地支持业务的发展。同时，企业财务、人力资源和信息管理等职能集中在共享服务中心后，使得企业变得更加灵活，可以更快地建立新业务，不需要在扩张新业务时考虑建设财务部、人力资源部等职能支撑部门。

# 1.4　本书的逻辑主线与结构

## 1.4.1　本书的学科属性

会计学是人们在长期的会计工作实践中，经过不断总结逐渐形成的、专门研究会计理论与方法的应用性学科。会计学科体系包含很多门类，按照目前高等院校会计教育的课程内容来划分，主要包括会计学原理（或会计学基础）、中级财务会计、高级财务会计、管理会计、成本会计、财务报表分析、会计信息系统（或会计电算化）等。这些课程相互联系，从不同角度、不同侧面对会计学进行研究和阐述。会计学原理主要研究和阐述会计的基本理论、会计核算的基本方法和基本操作，通常是以传统的会计手工环境为基础的；中级财务会计在会计学原理的基础上，以财务会计目标为导向，以会计基本假设为前提，按照会计要素详细阐述会计核算方法；高级财务会计则研究和阐述解决特殊会计问题的处理方法；管理会计侧重研究和阐述会计报告对企业决策的支持，即对内报告会计系统；成本会计专注于研究和阐述企业对内成本报告；财务报表分析适应实践需求，从报表分析视角，加深同学们对财务报表的理解，掌握评价企业财务状况、经营成果和现金流量等的能力；会计信息系统适应时代发展，区别于传统的会计手工处理系统，研究和阐述会计信息系统的组成和应用，通常以单个工商企业的会计循环为实例。

通过前面对财务共享服务的历史沿革、概念界定和财务共享服务价值的阐述，可以看到财务共享服务没有改变会计的目标、会计职能、会计要素、会计等式和借贷记账法等会计基本理论、基本方法，而是将共享服务模式应用到财务实践之中、对企业原有会计流程进行再造后的一种新型的、具有很大价值和广阔发展前景的、需要总结讨论和进一步研究的财务组织模式和作业管理模式。因此，财务共享服务课程隶属于会计学科，是在现有会计学科体系基础上，适应数智时代财会人才需求和教育变革要求大背景，延伸出来的总结国内外财务共享服务理论和实践工作经验，专门研究和阐述财务共享服务相关概念、理论和实务操作方法的应用性课程。财务共享服务与上述多门传统会计学专业课程有承接关系或紧密联系，共同助益人们系统性地理解和掌握会计学科相关理论和实务操作方法。

### 1.4.2 本书的逻辑主线

本书以财务共享服务概念为起点，在一般意义上能体现财务共享服务优势的应用范围内，结合信息技术对会计流程的再造和目前财务共享服务工作中的信息系统组成，按照财务会计中企业基本经济业务会计核算共享实务和管理会计中基本共享实务（以预算控制为代表）的内在逻辑，讲授财务共享服务理论要点与相应实务操作，最后阐述先进技术对财务共享服务的支持以及财务共享服务中心建设的相关要点，完成整个财务共享服务基本理论与实务的知识体系。

### 1.4.3 本书的结构安排

基于上述逻辑主线，本书的各章结构安排如下。

第1章绪论。首先介绍财务共享服务历史发展过程；在此基础上，界定财务共享服务的相关概念，包括财务共享服务的定义、特点、一般意义上的适用范围以及财务共享服务能够给企业带来怎样的价值；在理解财务共享服务概念的基础上，阐述财务共享服务的会计学科属性以及与会计学其他核心课程之间的关系，指出本书的逻辑主线，介绍本书各章的结构安排和本书的主要内容。

第2章财务共享服务中的会计流程再造。首先介绍流程再造的基本理论与方法，包括流程的概念、流程再造的基本思想、一般原则和经典案例；然后分析传统会计流程存在的问题，包括手工会计流程存在的问题和电算化会计流程在手工流程基础上的改进与仍然存在的问题；继而，讲解财务业务一体化的会计流程再造和集成财务控制的会计流程再造；最后，从组织再造和流程再造两个方面分析财务共享服务中的流程再造。

第3章财务共享服务中的信息系统。首先介绍管理信息系统的概念、构成和多维度分类方法；接着介绍企业资源计划（ERP）的概念和主要特点，会计信息系统的概念、发展阶段、主要内容和与 ERP 的关系；在此基础上，介绍财务共享服务中的信息系统架构，并就其中最常见的一些子系统进行具体介绍，包括电子影像系统、网上报账系统、电子档案系统、会计核算系统、合并报表系统、资金管理系统、银企互联系统、预算控制系统和税务管理系统。

第4～8章为财务共享服务实务讲解。选取费用报销、销售与收款核算、采购与付款核算和薪资核算作为企业财务会计中基本经济业务核算实务的代表，选取预算控制作为企业管理会计实务的代表，分章节介绍了各项实务的业务特点、财务共享服务模式下企业的业务处理流程；然后，引入中国日昌科技集团应用财务共享服务模式的操作实例，结合各部门的不同领导和员工角色，详细介绍各角色在财务共享服务模式下如何进行相关业务处理，并附有丰富翔实的信息系统截图。帮助学生在学习财务共享服务基本理论知识的基础上进一步将理论与企业实际业务相结合，有利于学生更清晰、直观地掌握财务共享服务的基本操作技能。

第9章财务共享服务中的辅助技术。首先介绍了智能识别（OCR + AI）的相关概念与特点，在此基础上对智能识别应用现状和财务共享服务中的智能识别应用做出了相关阐述；随后引入机器人流程自动化（RPA）的相关概念和特点，介绍 RPA 的适用场景特征和应用价值，最后分析了 RPA 在财务共享服务中的应用。

第10章财务共享服务中心建设。首先介绍了财务共享服务中心规划的相关内容，包括财务共享服务中心的目标和财务共享服务中心的建设模式与运营模式；然后介绍财务共享服务中心运营管理的相关内容，包括目标管理、制度管理、绩效管理和服务管理；在此基础上，介绍财务共享服务中心的风险管理，包括风险类型和应对策略；最后，对财务共享服务中心未来发展趋势做出展望。

具体如图 1-1 所示。

## 1.4.4　本书的主要内容

从在会计学科体系的位置来看，本书内容主要是在会计学原理、中级财务会计、

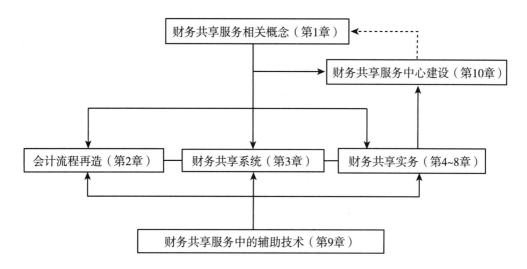

**图 1-1 本书的结构安排**

管理会计、会计信息系统等会计基础课程的基础上，适应数智时代实践发展和财会人才需求，从财务共享服务这一新的视角研究和阐述其基本理论、基本方法和需要掌握的基本操作技能，即通常所说的"三基"，具体包括以下内容。

（1）财务共享服务的基本理论：主要围绕财务共享服务最基本的概念和相关理论进行讲解，如财务共享服务的定义、特点、适用范围、价值，财务共享服务与传统会计中一些概念的关系以及与会计流程再造的关系，财务共享服务中的基本信息系统组成，与企业管理信息系统、ERP 和会计信息系统的关系，等等。

（2）财务共享服务的基本方法：包括财务共享服务模式下的会计流程再造方法、组织设计方法、财务共享服务中心的规划方法、运营管理（包括目标管理、制度管理、绩效管理、服务管理等）方法、风险管理方法，等等。

（3）财务共享服务的基本操作技能：包括财务共享服务模式下企业基本经济业务核算和管理会计实务中的业务处理流程、系统操作方法，以及企业各部门领导和员工的不同角色在财务共享服务模式下有怎样的联系，如何配合完成工作。

当然，上述财务共享服务的"三基"内容不能割裂开来，它们是相互联系的一个整体，共同组成财务共享服务基础知识体系。

### 本章小结

综合本章所述，财务共享服务的历史发展过程包括了财务共享服务初始阶段和持续发展阶段。财务共享服务是企业集团将分散于各单位的财务业务，通过标准化和流程再造，集中到一个新的财务组织进行统一处理的一种新型作业管理模式。财务共享服务具有规模性、专业性、统一性、技术性、协议性和服务性的特点，通常适用于分公司、子公司分散在很多地区或者跨国的大型企业集团，以及企业集团中大量重复、易于实现标准化、流程化的财务业务。

财务共享服务作为一种新型的管理模式，可以提升企业集团整体财务水平，从成本、标准化、质量、风险和战略等方面为企业带来价值。在成本方面实现降低企业人力成本、降低企业运营成本、降低企业管理成本；在企业标准化方面实现数据口径标准化、业务流程标准化、管理制度标准化；改进财务服务质量，提升财务工作满意度；加强企业管控，降低企业风险；推动企业财务转型。

财务共享服务课程隶属于会计学科，是在现有会计学科体系的基础上，适应数智时代财会人才需求和教育变革要求大背景，延伸出来的总结国内外财务共享服务理论和实践工作经验，专门研究和阐述财务共享服务相关概念、理论和实务操作方法的应用性课程。本书共分为10章，以财务共享服务概念为起点，在一般意义上能体现财务共享服务优势的应用范围内，结合信息技术对会计流程的再造和目前财务共享服务工作中的信息系统组成，按照财务会计中企业基本经济业务会计核算共享实务和管理会计中基本共享实务（以预算控制为代表）的内在逻辑，讲授财务共享服务理论要点与相应实务操作，最后阐述先进技术对财务共享服务的支持以及财务共享服务中心建设的相关要点，完成整个财务共享服务基本理论与实务的知识体系。

### 【关键词】

共享服务（Shared Service）

财务共享服务（Financial Sharing Service）

财务共享服务中心（Financial Shared Service Center）

规模效应（Economies of Scale）

流程再造（Process Reengineering）

降低成本（Cost Reduction）

标准化（Standardized）

作业管理模式（Activity Management Mode）

财务服务质量（Financial Service Quality）

财务组织模式（Financial Organization Model）

企业管控（Corporate Control）

财务转型（Financial Transformation）

财务风险（Financial Risk）

经营风险（Business Risk）

税务风险（Tax Exposure）

## 【小组讨论】

每个小组应用互联网搜索引擎或者在中国知网上，以"财务共享服务"为关键词，查找到一个应用财务共享服务模式的企业案例。与其他小组分享这个案例，重点阐述在这个案例中，财务共享服务模式体现出怎样的特点和为企业带来了怎样的价值。

# 第2章
## Chapter 2  财务共享服务中的会计流程再造

 学习提要与目标

　　本章首先给出了流程的概念，介绍了流程再造的基本思想和一般原则；然后介绍了传统会计流程，分析了手工会计流程存在的问题，以及引入电算化会计流程后对其做出了哪些改进，仍旧存在的问题；接着介绍财务业务一体化的会计流程再造及其解决和遗留的问题；继而，介绍集成财务控制的会计流程再造的方法及其解决的问题及意义；最后，从会计组织和流程两个方面分析财务共享服务中的会计流程再造。

　　通过本章的学习，应掌握：

- 流程的概念；
- 流程再造的基本方法和一般原则；
- 手工会计流程存在的问题；
- 电算化会计流程再造的改进和仍然存在的问题；
- 财务业务一体化会计流程再造的改进和仍然存在的问题；
- 集成财务控制的会计流程再造的方法；
- 集团财务部与财务共享服务中心的关系模式；
- 财务共享服务中会计流程再造的内容。

## 2.1　流程再造理论与方法

### 2.1.1　流程的概念

　　《牛津英语大辞典》将流程的概念定义为：一个或一系列连续有规律的活动，

以确定的方式发生或执行，导致特定结果的实现。我们平时"起床→穿衣→洗脸→刷牙→梳头→出门"是一个流程，企业员工出差回来后"填制报销单→贴发票→领导签字→财务报销"也是一个流程。

　　流程具有六个要素：输入、输出、若干活动、活动之间的相互作用、顾客和价值。其中，输入是指流程运行所必需的资源，不仅包括传统的人、财、物，而且包括信息、关系、计划等；输出是指流程运行的结果，它应该承载流程的价值；活动是指流程运行的环节；活动之间的相互作用是指流程运行各环节之间的关系，它们把流程从头到尾串联起来；顾客是流程服务的对象；价值是流程运行为顾客带来的好处，可以是用货币衡量的，如降低了成本，也可以不是用货币来衡量的，如提高了效率。流程六要素如图 2 - 1 所示。

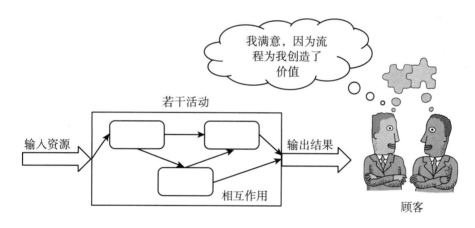

**图 2 - 1　流程六要素**

## 2.1.2　流程再造基本思想

　　业务流程再造（Business Process Reengineering，BPR）的概念始于 20 世纪 90年代。1990 年，美国麻省理工学院教授迈克尔·哈默（Michael Hammer）在《哈佛商业评论》上发表了一篇题为《再造，不是自动化，而是重新开始》的文章，第一次使用了"再造"（Reengineering）一词来表示企业对业务流程进行变革的思想和实践。1993 年，哈默和 SC Index 首席执行官詹姆斯·钱皮（James Champy）合作出版了《企业再造：企业革命的宣言书》（以下简称《企业再造》）一书，将企业业务流程再造定义为：为了在衡量绩效的关键指标上取得显著改善，企业从根本上思考、彻底改造业务流程。

流程再造与信息技术和管理信息系统的关系密切，流程的固化、优化和改造都要在管理信息系统的实施过程中得以实现。如哈默所说："我们必须重组业务，用信息技术的力量彻底地重新设计流程，使组织在成本、质量、服务和速度等关键指标上取得显著的提高。"在最新版《企业再造》中，哈默和钱皮直接指出，企业再造才是让信息技术释放其潜力的关键。仅仅在陈旧的经营方式上引入新科技并不能大幅提升企业的运营效率。流程再造向企业指明：改造企业流程，用科技盈利。

业务流程再造的思想在企业的运用，要根据不同企业的实际情况来具体问题具体分析。一般而言，业务流程再造的执行可以遵循 ESIA 原则，即清除（Eliminate）、简化（Simplify）、整合（Integrate）和自动化（Automate）原则。其中，清除原则是指将企业现有流程中的非增值活动予以清除。例如，过量产出、活动间的等待、不必要的运输、反复的加工、过量的库存、缺陷或失误、重复的活动、反复的检验，等等。简化原则是指在尽可能清除了非增值活动后，对剩下的活动仍然需要进行简化。一般来讲，可以从表格、程序、沟通和物流等方面来考虑进行简化。整合原则是指对分解的流程进行整合，合并相关工作，使流程顺畅、连贯，更好地满足顾客需要。整合的内容主要包括活动、团队、顾客（流程的下游）和供应商（流程的上游）。自动化原则是指在对流程的清除、简化和整合的基础上应用信息技术实现自动化，同时，流程的清除、简化和整合也有许多地方需要靠自动化来解决。自动化应该承担的工作包括大量重复与乏味的工作，数据采集，数据传输和数据分析等。

**经典案例**

## 福特汽车的业务流程再造

20 世纪 80 年代初，福特汽车公司取得了马自达公司 25% 的股份，两个公司交流后福特汽车惊奇地发现：自己的北美分公司预付款部门雇用员工 500 多人，而马自达全部财务部门仅有 5 人，即使按照公司规模进行数据调整后，福特汽车也多雇用了 5 倍的员工。如此大的差距使得福特汽车重新思考，利用 IT 技术，应用 ESIA 原则对传统付款流程进行流程再造。

福特汽车的传统付款流程如图 2-2 所示。采购部门向供应商发出订单，并将订单的复印件送往财务部门；供应商发货，验收部门收检，并将验收报告送往财务部门；供应商将产品发票送至财务部门；当订单、验收报告以及发票三者一致时，财务部门才能付款。根据传统流程，财务部门的大部分时间都花费在处理三单吻合上，从而造成人员、资金和时间的浪费。

业务流程再造后，福特汽车新的付款流程如图 2-3 所示。采购部门根据客户的订单请求生成订单保存在数据库中，同时将订单发给供应商；

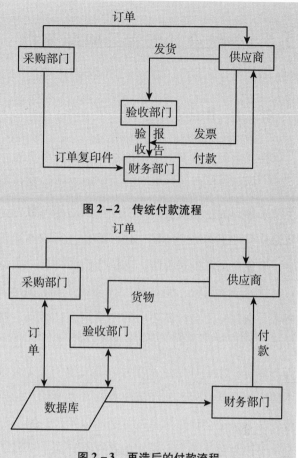

图 2-2　传统付款流程

图 2-3　再造后的付款流程

供应商发货，验收部门收到货物时，从数据库中提取相应的订单，核查来货是否与数据库中的订单内容相吻合，如果吻合收货，并确认货物收到，将结果保存在数据库中；财务部门从数据库中自动获取那些付款期限已到的订单，进行付款。施行这一流程后，以往财务部门根据三张手工票据核对的 14 项内容，已经被部门和财务使用的数据库共享信息所替代，所以只需要审核三项内容：零件名称、数量和供应商代码。新流程简化了物料管理工作，也使财务信息更准确。福特汽车最终实现了裁员 75%。

福特汽车案例的最大启示是要大胆挑战旧原则，采用新的无发票制度，即收到货物付款而不是原来的收到发票付款。之前从未有人试图推翻它，而 BPR 的实施就是要求要大胆、质疑、反思，而不是被传统禁锢。

资料来源：改编自 Hammer, M. "Reengineering work：don't automate, obliterate," *Harvard business review*, 1990, 68 (4)：104-112。

## 2.2 传统会计流程的问题分析

### 2.2.1 传统会计流程

借鉴流程的概念，本书将会计流程的概念界定为：会计流程是指为了达到会计目标，实现会计职能而进行的一系列连续有规律的活动。会计流程的输入端是会计系统采集到的企业发生的经济业务活动相关数据，输出端是会计流程的成果，可以认为是会计工作的产品——会计信息，其载体通常是各种报表。会计信息应该能为会计信息使用者带来价值，支持他们的决策，从而让使用者满意。

讨论会计流程，特别是传统会计流程，更多地侧重于在财务会计范畴内讨论，通常是指在一个会计循环中的一系列会计活动。基于会计分期假设，在一个会计期间内，企业对发生的经济业务进行会计确认、计量、记录，直到编制财务报表（报告）以提供给会计信息使用者，就完成了一个会计循环。传统会计在一个会计循环中的主要会计流程，从经济业务的发生开始，包括取得或者填制原始凭证、填制记账凭证、登记会计账簿、试算平衡以及最终编制财务报表等，如图2-4所示。传统会计可以划分为手工会计和电算化会计两个阶段。

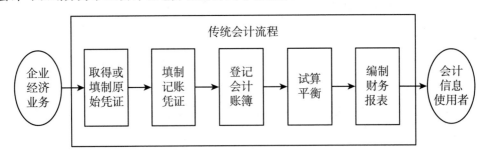

**图2-4 传统会计流程**

### 2.2.2 手工会计流程存在的问题

手工会计流程是指全部会计流程均由人工完成，即手工取得或者填制原始凭证，手工填制记账凭证，手工登记会计账簿，手工进行试算平衡，手工编制财务报表等，如图2-5所示。

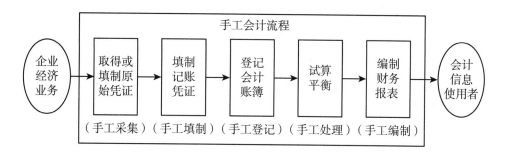

图 2 - 5 手工会计流程

手工会计流程是基于卢卡·帕乔利的复式簿记和建立在复式簿记基础上的会计体系发展而来的。虽然历经几百年，但其基本理论和核心思想一直没有本质改变。也正是由于这样的历史根源，受到传统会计体系思想和结构的制约，手工会计流程存在很多问题。

**1. 手工进行层层汇总的登记账簿，出具报表方式烦琐、低效**

现代会计的核心是基于账户和科目设置的一种对企业经济业务活动进行反映的分类体系。在这个体系下对会计信息进行采集、加工，最终生产出会计工作的产品——报表。在手工会计流程中，会计信息加工流程从对原始凭证信息的筛选、过滤开始，对相关信息层层汇总，历经记账凭证、日记账、明细分类账、总分类账，最后形成报表。在手工环境下，记账凭证、各种账簿、试算平衡表和各种报表都要靠人工填制，它们数出一源，区别仅在于其汇总的程度不同。随着企业业务量的增大，根据登记总分类账的依据和程序不同，还衍生出不同的账务处理程序，如记账凭证账务处理程序、科目汇总表账务处理程序、汇总记账凭证账务处理程序和多栏式日记账账务处理程序，但没有改变层层汇总的本质，在誊写、汇总的过程中手工操作工作量大、烦琐且容易出错。为了检查记账凭证与各种账簿（包括日记账、明细分类账和总分类账）、各种账簿之间以及各种账簿和各种报表之间是否一致，还需要很多检查、核对工作，耗时耗力。

**2. 记账凭证填制程序对会计信息可靠性的保障不足**

首先，手工会计流程中记账凭证的填制由人工完成，存在一定的对同一经济业务重复填制记账凭证、漏填记账凭证的可能性，当然也存在错误填制记账凭证的可能性，特别是在工作量比较大的情况下。虽然手工会计流程中设计了许多检查、核对的环节，但对于重复记录、漏记以及借贷平衡的错记而言，通过试算平衡及其他对账方法是很难发现问题的。

此外，在工业革命前，企业仅需少数财务人员就可以完成全部会计簿记工作。但随着企业规模的扩大和业务日趋复杂，会计工作在原有架构的基础上，按照劳动分工论的思想，被细分为一个个相对独立的部分，如销售核算、成本核算、存货核算、工资核算、固定资产核算等。通常来说，各个部分有专人负责，这样即使在企业会计工作内部也存在"信息孤岛"，特别是在手工环境下，各部分之间信息沟通不畅，填制记账凭证的会计人员可能由于不能对企业经济业务的全貌有充分的理解而编制不恰当的会计分录。

根据国际会计准则，会计信息可靠性的首要要求是"没有重要错误"，即具有技术上的正确性，还要求"如实反映"，即具有结果上的真实性。手工会计流程中的记账凭证填制程序可能影响会计信息加工技术上的正确性，影响会计信息结果上的真实性，从而对会计信息可靠性的保障力度不够。

**3. 手工会计流程对会计信息及时性的保障不足**

信息的价值是有很强时效性的，会计信息也不例外，其信息价值会随着时间的流逝而逐渐降低。会计信息及时性要求及时收集会计信息、及时处理会计信息和及时传递会计信息。手工环境下的会计流程中，从对原始凭证的信息采集，到对会计数据的各种加工处理，包括凭证填制、审核、排序、汇总、记账、过账、试算、编表等一系列顺序作业，需要大量的等待时间。手工环境下会计信息报告周期和滞后时间（即会计期结束后多久报告）的制度安排，限于手工会计流程和技术手段，实际上对信息及时性方面的要求是不高的，例如企业年报于年度终了后4个月内对外提供。随着网络时代乃至数智时代的来临，在信息技术的支持下，会计流程再造应该对会计信息及时性提供更高的保障。

**4. 生产的报告信息单一，造成会计信息相关性不足**

虽然原始凭证本身包含了企业经济业务活动的很多信息，手工会计流程只采集其中能被货币计量的、会计入账所需要的基本数据，不采集其他也可能对信息使用者的决策有用的所谓"非财务数据"。或者说，手工会计流程只采集企业经营活动数据集中的一个子集，其他在企业经营活动中同时产生的数据被会计系统屏蔽掉；此外，经过会计科目设置进行加工，再经过层层汇总生成各种账簿和报表，最终生产出的报告信息是高度汇总的，也是单一化的，很难反映企业经济活动的具体样貌；并且，在手工环境下，即使想通过设置多维度明细科目的方式来更详尽地反映经济业务的各方面特征，但限于数据采集、加工处理的巨大工作量，也是很难做到的。

会计的目标是提供给会计信息使用者进行经营决策有用的会计信息。财务部门生产出来的会计信息与使用者决策相关、对使用者决策有用是非常重要的会计信息质量特征。而手工会计流程生产的会计信息单一，直接带来会计信息相关性不足的问题，影响会计信息质量。

**5. 无法真正实现财务控制**

手工会计流程中，会计信息于企业经济业务发生的事后进行采集，会计仅仅定位于事后核算。"财务账"和"实物账"往往是两张皮。财务控制只有在经济业务发生之后才能进行"事后控制"，而不能在经济业务发生之前和进行过程中进行事前和事中控制，从企业管控的角度已经失去了控制的本质意义。或者说，无法真正实现财务控制。

### 2.2.3　电算化会计流程的改进和问题

所谓电算化会计，指的是财务信息化初期，将手工会计流程中的一部分作业应用计算机来完成，如登记会计账簿、试算平衡、编制财务报表等，如图 2-6 所示。

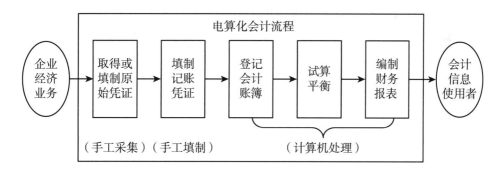

**图 2-6　电算化会计流程**

自 1954 年美国通用电气公司第一次使用计算机核算职工工资，开创了利用计算机处理会计数据的新纪元，几十年来，电算化会计已经成为计算机在会计领域应用的伟大实践。卡尔·S. 沃伦等曾总结了电算化会计流程相对于手工会计流程进行改进的三大优点。（1）电算化会计流程能够简化会计处理流程。由计算机进行登记会计账簿、试算平衡和编制财务报表等工作，精简了一系列手工登账、对账、试算、制表等工作。（2）电算化会计流程比手工会计流程更为准确。只要初始设置正确，计算机不会在数据复制、分类、汇总、计算等作业中出现错误，从而提高了会计信息的准确性。（3）电算化会计流程能给管理者进行决策提供当前各个账户的余额信息，从而对管理层的某些决策提供信息支持。除了这三方面的改进外，电算化会计流程还能够帮助会计部门优化核算岗位，减少对纸质账簿、笔墨等物料的消耗，节省数据存储空间等。

电算化会计流程在利用信息化手段对会计流程进行再造的大道上迈出了一大步，然而，第2.2.2节分析的手工会计流程存在的几个主要问题中，电算化会计流程只解决了第一个问题，部分改进了第三个问题。电算化会计流程依然未能解决记账凭证填制程序对会计信息可靠性的保障不足问题；对会计信息及时性的保障虽然比手工流程有所提高，但由于仍然使用手工采集原始凭证和手工填制记账凭证，会计信息及时性的问题依然存在并亟待解决；未能解决由于报告信息单一造成的会计信息相关性不足问题；仍旧无法真正实现财务控制。

最初各种电算化软件的设计思想，主要是对手工会计流程的全过程模仿，将一项项相对独立的会计工作以子流程的形式搬进计算机，并应用计算机置换了其中一部分最容易被计算机置换的手工作业。因此，电算化会计流程仍然是业务与财务分离的会计流程，仍然需要手工输入会计凭证。而这使得会计信息仍然存在源头错误的可能性，并且一旦出现输入错误，查找的成本更高，困难更大。正如哈默教授所说，过去几十年里，企业花费了几十亿美元应用计算机去实现手工操作自动化，自动化也确实提高了工作速度。但是，如果计算机所做的工作基本上仍然是过去手工操作所做的那些工作，就意味着企业的绩效没有得到根本的改进。仅仅在陈旧的方式上引入新科技并不能大幅提高企业运营效率和效果。甚至，"信息技术让我们更快地做出错误决定"。而流程再造才是让信息技术释放其潜力的关键。对于会计工作而言亦是如此。

## 2.3　财务业务一体化的会计流程再造

对传统会计流程进行再造的突破口，在于对会计人员手工采集原始凭证和手工编制记账凭证作业流程的再造。当企业的一项经营活动发生时，业务部门要处理这项经营活动并记录和形成单据，财务人员还要再根据业务部门的单据编制记账凭证，并录入电算化会计系统中。这种业务与财务分离的流程造成了业务部门和财务部门的"信息孤岛"，按照业务流程再造的 ESIA 原则，属于典型的可以进行清除（Eliminate）、简化（Simplify）、整合（Integrate）和自动化（Automate）的流程。

根据信息集成的基本原则，数据来源应该是唯一的，即业务数据应由相关业务部门人员录入系统或者由业务系统直接采集数据，财务系统与业务系统进行整合，共享统一的数据库。或者，财务系统从业务系统抽取所需数据，这样才可以避免财务人员的二次数据录入，也可以说，清除了明显不增值的手工录入记账凭证作业。图 2 - 7 介绍了使用信息技术自动将业务数据转化为记账凭证的基本原理：会计信息系统内置的事件接收器将企业发生的经济活动相关数据传入凭证生成器，而凭证生成器背后是会计凭证模板，即内置了详细的记账凭证编制规则，由此，在获得业务数据的同时，系统可以自动实时生成记账凭证，并传入总账系统。

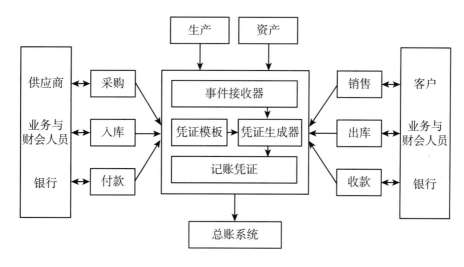

图 2 - 7　自动将业务数据转化为记账凭证的原理

经过财务业务一体化的会计流程再造后，第 2.2.2 节所述手工会计流程存在的第二、第三和第四个问题都得到了较为明显的改善。具体来讲，当企业的会计流程和业务流程在企业内部集成为一个整体后，业务流程可以实时进入会计流程并自动生成记账凭证，客观上为会计信息的可靠性和及时性提供了保障；并且，由于传统会计流程（无论是手工会计流程还是电算化会计流程）需要手工从业务流程中采集数据然后手工编制记账凭证，这样就在会计流程的源头限制了会计流程采集数据的类型，即只能采集业务流程中能被货币计量的、出具财务会计报表所需的基本数据，而业务流程中所包含的更多的、可能对信息使用者决策有用的数据被放弃了。

或者说，手工会计流程只采集企业经营活动数据集中的一个子集，其他在企业经营活动中同时产生的数据被会计系统屏蔽。财务业务一体化会计流程因为实现了业务和财务的信息集成，能够以很低的边际成本采集和处理更多的决策相关数据。同时，还可以根据不同层次管理者对信息的不同需求，将相关数据按照多种分类和处理标准进行加工，输出满足不同目的的多样性信息产品。因此，财务业务一体化会计流程对会计信息相关性也提供了一定的保障。

## 2.4　集成财务控制的会计流程再造

在财务业务一体化的基础上，还可以进一步利用信息技术进行会计流程再造，集成财务控制功能。图2-8介绍了使用信息技术在财务业务一体化基础上集成财务控制的基本原理：企业发生经济活动的相关数据被会计信息系统接收后，传入控制器，由控制器根据内嵌的控制准则将实际业务数据与预先设置好的控制标准进行比对，根据不同比对结果发出不同命令，从而对经营活动进行实时控制，指导、调节和约束经营活动，以达到企业经营目标。

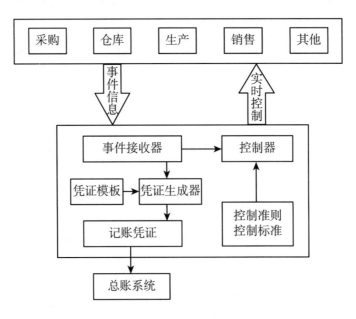

**图2-8　在财务业务一体化基础上集成财务控制的原理**

按照中国人民大学张瑞君教授在其《网络环境下会计实时控制》一书中的定

义，会计控制系统的控制器至少包括以下三个基本功能模块：控制标准制定、控制准则制定和分析器控制程序。其中，控制标准制定和控制准则制定模块负责接受相关人员制定好的控制标准和控制准则，并将其放置在相应的数据库中。当准则或者标准变化时，它们又接受修改和调整的结果，并更新数据库；分析器控制程序对企业某一经营活动过程实施控制时，从经营活动实际数据库文件中提取实际信息，自动与控制标准库中的控制标准进行对比分析，然后或者运用控制准则库中的控制准则、通过预先设定好的控制程序对经营活动过程进行刚性控制；或者将偏差信息和控制权交给执行器，由执行器进行柔性控制。执行器实际上是相关领导或者控制人，他们在其控制权限内，根据自己的经验、职业判断、会计法规、企业规章制度、评价体系、激励机制等，采取适当的补偿措施，最终消除偏差，对受控对象实施柔性控制。在复杂的企业经营活动中，很多非结构化问题、非标准流程问题，无法实现制定相应的控制准则和控制程序，这时，人作为人机结合关系中的重要主体将发挥作用。会计控制系统的控制器基本原理如图 2 - 9 所示。

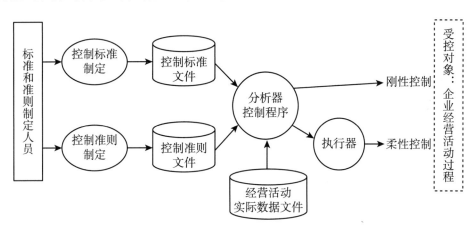

**图 2 - 9　会计控制系统的控制器基本原理**

通过举例可以更容易理解会计控制系统的原理。例如，对材料入库业务活动的控制，分析器控制程序从经营活动实际数据库文件中提取的实际信息可能包括材料入库数量、单价、仓库号、保管员、入库时间、检验值等，从控制标准库中提取的控制标准可能为该材料的最高储量、最低储量等，从控制准则库中提取的控制准则可能为"如果该材料入库后超出最高储量，那么不允许入库"。此时，如果一项材料入库活动发生，分析器控制程序判断这一活动不符合控制准则，那么根据刚性控制原则，该材料不能入库，除非系统支持以例外事件的形式报告给具有权限的相关控制人，以合理的理由批准该材料入库，也就是由执行器进行柔性控制。而通过对材料入库业务活动的控制，实际上也控制了库存资金的占有、存货成本转移、采购员与库管的业绩考评等一系列内容，财务控制通过利用信息流实现了对物流、资金流的控制。当然，更具有广泛性的一个例子是企业的预算控制，在本书后面的章节将有详尽介绍，其原理就是我们在这里讲的控制器基本原理。

集成财务控制功能，或者说，将控制机制嵌入企业经营过程中，具有两方面的意义。一方面，将支持会计控制的各种控制准则和控制标准嵌入会计流程，各级管理者和相关财务人员在远离经营活动场所时，可以利用会计信息系统对经营活动过程进行实时控制。财务控制不再是经济业务发生之后才能进行的"事后控制"，从而实现真正意义上的财务控制。另一方面，集成了财务控制的会计流程，帮助财务人员利用会计信息系统直接关注业务过程，改变传统会计流程下财务人员和业务人员相对脱节的状况。

因此，基于网络环境的财务业务一体化和集成财务控制的会计流程再造，不但通过整合和自动化流程消除了不增值的手工填制记账凭证作业，帮助广大财务人员从日常繁杂、枯燥的会计数据处理流程中摆脱出来；更从模糊和跨越组织边界的流程再造方法出发，打破业务管理过程和财务工作之间不必要的隔阂，将财务人员对所处理信息的视野从局限于"财务问题"扩大到关注"业务问题"，帮助财务人员从核算型财务角色逐渐转变成为业务型财务和管理控制型财务角色。

**专家观点**

## 会计流程再造势在必行

会计流程再造是企业管理从传统管理到信息化管理变革中不可缺少的关键环节。当企业拥有先进的管理软件，就好比有了好车；对财会人员进行了广泛的培训，就好比有了合格的司机；当企业建立了健全的会计制度，就好比有了交规。但是，如果没有进行会计流程再造，就好比忽视了道路修建，那么，合格的司机驾驶再好的车也无法在崎岖的乡间小道飞快前进，很多企业管理信息进程因流程不畅而受阻。目前，我国企业从传统管理向信息化管理的变革进行得如火如荼，对于每一个企业来讲，会计流程的再造势在必行。

资料来源：张瑞君，《网络环境下会计实时控制》，中国人民大学出版社，2004。

## 2.5　财务共享服务中的会计流程再造

在理解了从传统会计流程到财务业务一体化和集成财务控制的会计流程的再造过程的基础上，让我们来看看财务共享服务模式中的流程再造。如前所述，财务共享服务是企业集团将分散于各单位的财务业务，通过标准化和流程再造，集中到一个新的财务组织——财务共享服务中心进行统一处理的新型作业管理模式。再造的思想可以说是财务共享服务模式的构建基础，具体可以从组织再造和流程再造两方面来讲。

**1. 会计组织再造**

会计组织结构是决定财务人员如何运用资源实现组织目标的实体。组织结构是一个组织的骨骼，会计组织结构是一个组织整体结构骨骼中的一部分。流程再造思想中组织再造是前提，特别是模糊和打破目前既有组织的边界，用哈默教授的话来讲——"围绕组织输出流程，而不是围绕任务"。组织结构不同，组织内部资源要素的结合方式就不同，从而发挥作用的效率和效果都会有差异。

常见的企业集团组织结构设计包括职能式组织结构（又称为"U"型结构）和事业部组织结构，有的集团会采用兼具职能和事业部双重结构的矩阵结构。以最常见的职能式组织结构为例，集团各级会计组织的结构设计如图 2－10 所示。

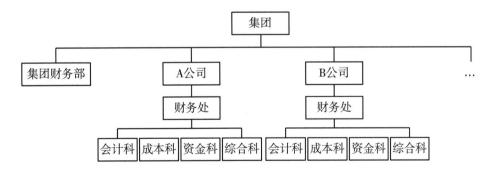

**图 2－10　集团各级会计组织的结构设计示意**

而无论采用哪种组织结构，在采用财务共享服务模式之前，集团内部各级会计组织通常包括集团财务部和下属各级单位财务处，它们之间的关系基本上是上下级关系，现实中有的控制紧密一些，有的控制松散一些。而财务共享服务模式将企业集团中大量重复、易于实现标准化、流程化的财务业务集中在财务共享服务中心进行处理，从会计组织结构设计上进行了突破。财务共享服务中心与集团财务部的关系，通常有两种设计模式，一种是上下级模式，另一种是平行模式，如图 2 – 11 所示。

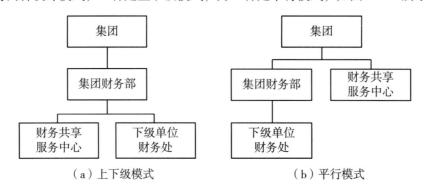

（a）上下级模式　　　　　　　　　（b）平行模式

**图 2 – 11　集团财务部与财务共享服务中心的两种关系模式**

在上下级模式中，财务共享服务中心和集团各下级单位财务处同属集团财务部指导；在平行模式中，集团公司财务部和财务共享服务中心是平级的，共同向集团 CFO 汇报。两种模式下，通常都是财务共享服务中心承担会计核算职能，集团财务部和各下级单位财务处承担财务管理职能，特别是在财务共享服务中心的建设初期，这样的分工和组织结构设计能够很好地发挥财务共享服务模式为企业带来价值的作用机制。当然，未来随着财务共享服务中心的不断发展、壮大，其在完成传统交易性业务工作基础上，还可能延伸得更多，并且财务共享服务中心的发展趋势是成为企业集团的数据中心，会承担企业管理会计职能，这些在本书第 10 章最后一节有详细阐述，希望同学们结合理解，才能认识得更深入、透彻。对于上下级模式和平行模式的选择，特别是在财务共享服务中心的建设初期，可由企业集团根据自身基础条件、目前内部各级会计组织状况以及采用财务共享服务模式的战略目标等自行选择，没有绝对的优劣之分，适合自己的就是最好的。

相关链接

## 财务共享服务中心在组织结构中的位置

国内某保险公司在组建财务共享服务中心时，在咨询公司的协助下制订了一个共享服务中心的三年规划，对共享中心在组织结构中的位置设定了三种模式，如图 2 – 12 所示。

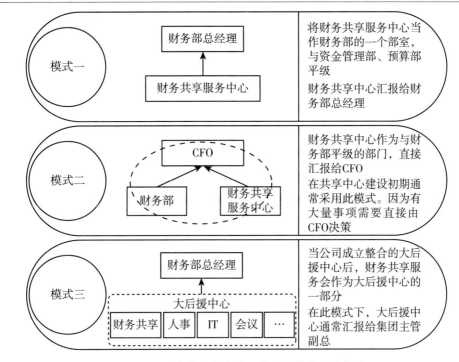

**图 2 - 12　财务共享服务中心在组织结构中的位置**

模式一：财务共享服务中心隶属财务部，属于财务体系的二级部门，公司的三级部门，直接汇报领导为财务部总经理。

模式二：财务共享服务中心直属 CFO 管理，属于财务体系的一级部门，公司的二级部门，直接汇报领导为 CFO。

模式三：财务共享服务中心隶属大后援中心，属于大后援中心的一级部门，属于公司的二级部门，直接汇报领导为大后援中心领导。

这三种模式各有利弊。

模式一：财务共享服务中心与资金管理部、预算部的直属领导为同一人，利用费用管控推动工作的推进，但在此模式下，财务共享服务中心属于公司的三级部门，如需获取公司高层领导的支持，中间环节较多，流程较长。

模式二：财务共享服务中心的直接汇报领导层级最高，利于财务共享服务中心直接获取公司高层领导的支持和指导，尤其在共享服务中心建立初期，对于财务共享服务中心工作的开展和推进有很大帮助，这也是咨询公司在协助该公司建立共享服务中心时给予的咨询建议；但同时也因为直接汇报领导层级较高，对一些待决策的细节问题不能像模式一那样给予及时的决策意见。

模式三：将可以共享的业务都归入大后援中心，有利于业务的标准化，提高共享程度。但由于归入大后援中心后，与财务其他部门存在跨体系沟通、协作，对业务的推进存在一定制约。

对组织结构模式的选择没有完美、唯一的答案，需要企业根据其战略目标、企业发展阶段、对财务共享服务中心的定位等因素综合考虑、选择。

资料来源：陈虎、孙彦丛，《财务共享服务（第二版）》，中国财政经济出版社，2018。

上面主要从集团财务部与财务共享服务中心关系的角度，来阐述财务共享服务模式下会计组织结构的再造。对于具体的财务共享服务中心组织建设模式，根据不同的具体情况又包括集中型、区域型、业务型或行业型、职能型等，在本书第 10 章中有具体阐述。而对于财务共享服务中心内部组织结构设计，总的原则是比传统财务会计组织内部结构划分更为细致，这样在已经完成了标准化的基础上，遵循了专业化的原则，有利于提高人员使用效率，也简化了培训程序。如图 2 - 13 中将财务共享服务中心内部组织划分为 9 个组，根据各财务共享服务中心的具体情况还可以划分得更为细致或者合并设计内部组织划分。

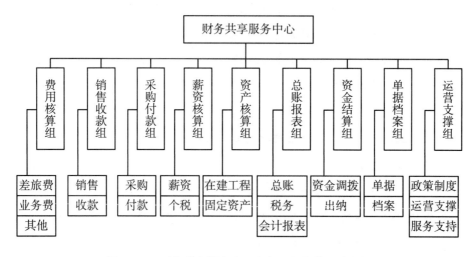

**图 2 - 13　财务共享服务中心内部组织结构设计举例**

## 2. 会计流程再造

在财务共享服务中心组织结构设计的基础上，财务共享服务中心完成会计核算工作的流程也进行了再造。主要的理念是在信息技术的支持下将会计核算工作流程进一步细分、拆解，以进一步的专业化分工，支持低成本、高效率的工作。在应用信息系统支持财务业务一体化的基础上，系统采集业务数据生成记账凭证并进一步生成财务账、表，需要财务共享服务中心人员完成的会计核算工作，更多地体现为对单据等的各种审核工作。而应用信息系统将各种审核工作流程拆解成一个个独立工序，每个工序对应自己的工位，形成一条审核流水线，如图 2 - 14 所示，成为财务共享服务中会计流程再造的一个独特特点。

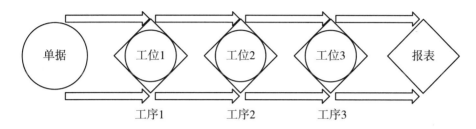

**图 2 - 14　审核流水线**

财务共享服务中流程再造的又一个关键点在于网上报账系统的设计。这个概念是财务业务一体化流程再造过程中产生的，在财务共享服务模式下更为凸显其关键作用。网上报账系统帮助实现业务和财务系统的互联互通，是业务和财务的交互平台。对于业务部门，网上报账系统是共享服务中心财务服务的统一窗口和通道，也是业务单据流转的平台；对于财务部门，网上报账系统是财务结构化数据的采集平台，也是财务制度的管控平台。关于财务共享服务中的信息系统，在本书第 3 章中有详细的阐述。

财务共享服务中的流程再造，还表现为在信息系统的支持下进一步地集成。如在财务业务一体化的基础上将税务开票和报税工作集成进来，形成业、财、税一体化；又如将预算管理和成本会计工作流程与财务共享服务中心目前工作流程进一步集成和融合；还可以更加强化数据分析的智能展现，即将决策支持系统流程与财务共享服务中心目前的工作流程进一步集成和融合。

财务共享服务中的流程再造，还会随着信息技术的发展而不断创新。如早期财务共享服务模式下的员工差旅费用报销，是需要员工将纸质发票平铺粘贴在发票粘贴单上，再由共享服务中心票据员将一张张贴好发票的粘贴单扫描形成票据影像文件，上传至系统给审核员进行审核的。今天，移动支付、商旅平台、OCR 图像智能识别等支持大部分差旅票据的自动数据获取或者票据影像智能识别。未来电子发票和电子档案的普及将更大程度地影响会计核算流程的再造。

还需要注意的是，现实中各个企业的实际情况都是复杂的，每个企业也都是独特的，各自基础条件不同，财务共享服务中心建设的需求和目的也是不相同的，因此，实践中各企业集团财务共享服务模式的具体建设方式不同，流程再造的方法、程序也会不同。

<h2 style="text-align:center">本章小结</h2>

综合本章所述，流程是一个或一系列连续有规律的活动，以确定的方式发生或执行，导致特定结果的实现。流程具有六个要素：输入、输出、若干活动、活动之间的相互作用、顾客和价值。企业业务流程再造是为了在衡量绩效的关键指标上取得显著改善，企业从根本上思考、彻底改造业务流程。业务流程再造与信息技术和管理信息系统的关系密切，流程的固化、优化和改造都要在管理信息系统的实施过程中得以实现。业务流程再造的思想在企业的运用，要根据不同企业的实际情况来具体问题具体分析，一般而言，业务流程再造的执行可以遵循 ESIA 原则，即清除（Eliminate）、简化（Simplify）、整合（Integrate）和自动化（Automate）原则。

会计流程是指为了达到会计目标，实现会计职能而进行的一系列连续有规律的活动。会计流程的输入端是会计系统采集到的企业发生的经济业务活动相关数据，输出端是会计流程的成果，可以认为是会计工作的产品——会计信息，其载体通常是各种报表。传统会计可以划分为手工会计和电算化会计两个阶段，其中，手工会计流程是指全部会计流程均由人工完成，即手工取得或者填制原始凭证，手工填制记账凭证，手工登记会计账簿，手工进行试算平衡，手工编制财务报表等。手工会计流程存在如下问题：（1）手工进行层层汇总登记账簿，出具报表方式烦琐、低效；（2）记账凭证填制程序对会计信息可靠性的保障不足；（3）会计信息及时性的保障不足；（4）生产的报告信息单一，造成会计信息相关性不足；（5）无法真正实现财务控制。电算化会计将手工会计流程中的一部分作业应用计算机来完成，如登记会计账簿、试算平衡、编制财务报表等。电算化会计流程解决了手工会计流程存在的第一个问题，部分改进了第三个问题，其他的问题仍然没有得到解决。

财务业务一体化的会计流程再造能够使手工会计流程存在的第二、第三和第四个问题都得到了较为明显的改善，但仍然无法真正实现财务控制。在财务业务一体化的基础上，还可以进一步利用信息技术进行会计流程再造，集成财务控制功能。会计控制系统的控制器至少包括以下三个基本功能模块：控制标准制定、控制准则制定和分析器控制程序。分析器控制程序对企业某一经营活动过程实施控制时，从经营活动实际数据库文件中提取实际信息，自动与控制标准库中的控制标准进行对比分析，然后或者运用控制准则库中的控制准则、通过预先设定好的控制程序对经营活动过程进行刚性控制；或者将偏差信息和控制权交给执行器，由执行器进行柔性控制。将控制机制嵌入企业经营过程中，一方面，财务控制不再是经济业务发生之后才能进行的"事后控制"，从而实现了真正意义上的财务控制；另一方面，帮助财务人员利用会计信息系统直接关注业务过程，改变传统会计流程下财务人员和业务人员相对脱节的状况，帮助财务人员从核算型财务角色逐渐转变成为业务型财务和管理控制型财务角色。

　　财务共享服务中的会计流程再造可以从会计组织再造和流程再造两方面来理解。从组织再造方面来看，财务共享服务模式从会计组织结构设计上进行了突破。财务共享服务中心与集团财务部的关系，通常有两种设计模式，一种是上下级模式，一种是平行模式。从流程再造方面来看，财务共享服务中心完成会计核算工作的流程再造，主要的理念是在信息技术的支持下将会计核算工作流程进一步细分、拆解，以进一步专业化分工，例如审核流水线的设计。财务共享服务中的流程再造还表现为网上报账系统的设计、业财税一体化、与预算管理和成本会计工作流程的集成、与决策支持系统流程的集成等方面。

【相关词汇】

业务流程再造（Business Process Reengineering）

传统会计流程（Standard Accounting Process）

手工会计流程（Manual Accounting Process）

电算化会计流程（Computerized Accounting Process）

财务业务一体化（Integration of Financial Business）

集成财务控制（Centralized Financial Control）

会计组织结构（Accounting Organizational Structure）

职能式组织结构（Functional Organization Structure）

事业部制（Divisionalization）

矩阵结构（Matrix Organization Structure）

【思考题】

财务共享服务中的流程再造还会有哪些新的模式？它们对财务共享服务的价值将如何体现？

# C 第3章
## hapter 3 财务共享服务中的信息系统

 学习提要与目标

本章首先介绍了管理信息系统的概念、构成和多维度分类方法；然后，介绍企业资源计划（ERP）概念的产生过程以及其特点；继而，介绍会计信息系统的概念、发展阶段和主要内容，以及会计信息系统与 ERP 的关系；最后，在此基础上，介绍财务共享服务中的信息系统架构，并就其中最常见的一些子系统进行具体讲解，包括电子影像系统、网上报账系统、电子档案系统、会计核算系统、合并报表系统、资金管理系统、银企互联系统、预算控制系统和税务管理系统。

通过本章的学习，应掌握：

- 管理信息系统的概念和构成；
- 管理信息系统的多维分类模型；
- 企业资源计划（ERP）概念的产生过程；
- 企业资源计划（ERP）的主要特点；
- 会计信息系统的概念和主要内容；
- 会计信息系统与 ERP 的关系；
- 财务共享服务中的信息系统架构；
- 财务共享服务各常见子系统的概念、功能、与其他子系统的关系和价值。

## 3.1 管理信息系统

### 3.1.1 管理信息系统的概念

"管理信息系统"（Management Information Systems，MIS）一词最早出现在 1970

年，当时的定义还是把数据的表现形式局限在纸面和口头上而没有电子化。1985 年，管理信息系统学科的创始人之一、美国明尼苏达大学教授高登·戴维斯（Gordon B. Davis）提出了较为完整的管理信息系统定义："管理信息系统是利用计算机软件和硬件内嵌的分析、计划、控制和决策模型的人机交互系统，它能提供信息，支持企业或组织的运营、管理和决策功能。"目前最流行的观点是美国纽约大学的肯尼斯·C. 劳顿教授及妻子简·P. 劳顿在他们的《管理信息系统》一书中给出的广义定义："管理信息系统技术上可定义为互联部件的一个集合，它收集、处理、存储和分配信息以支持组织的决策和控制。"劳顿夫妇的经典教材已经再版超过 14 次，他们的观点目前也被国内广泛接受。劳顿夫妇认为："除了支持决策、协调和控制，信息系统还可以帮助企业分析问题、理顺思路和创新产品。"并且他们认为，信息系统还反映了管理者的期望和现实，这就把信息系统扩展到企业战略层面。

　　管理信息系统是一个涉及人和机器的复杂社会系统，它应用各种先进技术来解决管理问题，并且随着社会的发展不断演进、不断调整以适应企业的变化。管理信息系统是组织、信息技术和管理三者的有机结合，三者相辅相成，不可分割，如图 3－1 所示。组织是有结构的，依据不同职能划分为不同的部门，通过不同部门的相互配合形成组织的流程，通过流程的运转来完成组织的目标。管理信息系统就是通过嵌入到组织的各个流程中来辅助组织完成目标的有利工具；信息技术是管理信息系统的基础和实施平台，是它能正常运转的必备条件。所有的信息技术和管理信息资源的人员，组成了整个组织的信息技术基础设施；管理是管理信息系统内涵的非物质资源，它包含了在系统上的一切应用行为，如制定战略决策、分配人力资源、调整投资方向等，这些任务都可以通过管理信息系统来驱动完成。高效地应用管理

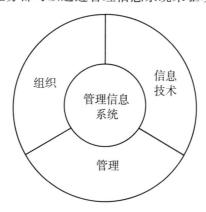

**图 3－1　组织、信息技术和管理三者的有机结合**

信息系统需要我们理解整个系统涉及的组织、信息技术和管理，从而应用管理信息系统为企业创造价值和应对不断发展变化的环境挑战。

### 3.1.2 管理信息系统多维分类模型

在今天，管理信息系统的应用已经无处不在。并且，不同的软件供应商根据自身条件和客户需求推出的各类应用系统五花八门，全世界至今并未有统一的模式对它们进行分类。而在概念上对管理信息系统进行合理的分类，有利于深化对管理信息系统的理解，对于刚刚开始接触系统的初学者尤其重要。清华大学薛华成教授在其《管理信息系统》一书中提出，对于管理信息系统的分类应当根据一定的依据，一种依据形成分类空间中的一维，沿着这些维构成分类空间中的一个坐标系，其概念是由浅入深的，并且分类空间中的坐标应当是正交的，即每一维是独立的。薛教授指出，管理信息系统的概念空间至少有 5 个维度。

（1）职能维。企业的管理是划分为不同职能的，如市场、生产（或服务）、财务和人力资源等。不同的职能对应不同的应用系统。

（2）行业维。不同的行业应用系统显然是不同的。例如制造业、服务业、金融业的系统一定是各不相同的。

（3）层次维。不同组织层次的管理内容不同，对应的应用系统也是不同的。企业的层次一般分为基层、中层和高层，也有人分为作业层、管理控制层和战略层，支持不同层次人员的具体应用系统是不同的。

（4）流程维。也可以叫过程维，粗略地可以分为上游、中游和下游，也可以对应不同的应用系统。例如，上游对应供应链系统，下游对应客户关系系统。

（5）智能维。智能维是按照系统所具有的智能水平来区分的。系统使用深度越深，具有的智能越高，也就是系统越聪明。而智能和决策又是紧密联系的，智能越高对决策支持越深。按照决策的结构化、半结构化和非结构化标准来划分，对应的系统就分别是专家系统、传统决策支持系统和智能决策支持系统。

除了以上五维，当然还可以举出许多其他的维度，如按国家或者地域划分、按技术水平高低划分、按照使用者是个人还是群体来划分，等等。因此，我们是在 n 维空间对管理信息系统进行分类。

在上述维度划分的基础上，可以给出管理信息系统的多维模型。由于 n 维空间难以用图形表达，可以选择最常见的职能维、行业维和层次维三个维度用来画出管理信息系统多维分类模型，如图 3 - 2 所示。

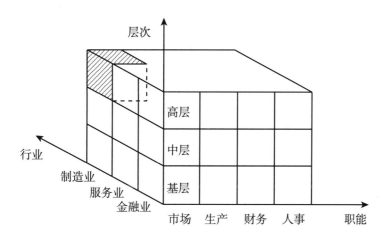

**图 3 - 2　管理信息系统多维分类模型**

在图 3 - 2 中，任何一个应用系统都可以表现为这个分类空间中的一个单元。例如，用于制造业市场方面的高层应用系统就表现为图中阴影部分所示的小立方体位置。

还有一种常见的金字塔模型（见图 3 - 3），这种画法除了展示出应用系统的分类维度外，还隐含展示了应用系统所占有和处理的信息量大小。系统占有和处理的信息量越大，在金字塔中占领的空间就越大，也就是越处于金字塔的底层。例如战略层系统虽然非常重要，但所占有和处理的信息量相对来讲是最小的。

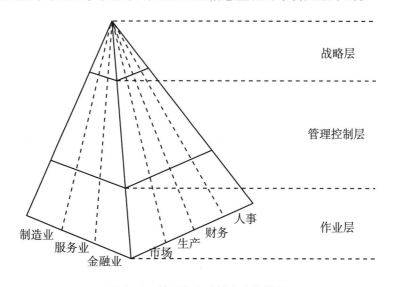

**图 3 - 3　管理信息系统金字塔模型**

## 3.2　ERP 和会计信息系统

### 3.2.1　企业资源计划（ERP）

**1. ERP 概念的产生**

今天，企业资源计划（Enterprise Resource Planning，ERP）俨然已经成了管理软件的代名词，但对于 ERP 的认识，业界和学界始终没有形成统一的观点。而对于 ERP 是什么，有什么样的特点，还要从对 ERP 概念的产生过程有一个基本的了解开始。

20 世纪 60 年代，在西方国家制造业发展为大规模工业化生产阶段以后，制造业面临的主要矛盾表现为"供、产、销的严重脱节"。而要降低成本，就必须解决库存问题，做到"既不出现短缺，又不积压"。将先进信息技术与生产和库存控制方面的研究成果结合起来解决问题成为当时的研究热点。而最早提出解决方案的是美国 IBM 公司的奥里奇（J. A. Orlicky）博士，他设计并组织实施了第一个物料需求计划（Materials Requirement Planning，MRP）系统。MRP 实现了制造业三个主要核心业务——销售、生产和供应的信息集成，也就是主要的物流信息集成，打破了这三个部门的分割状态。

20 世纪 70 年代中后期，企业管理已不能满足于生产管理一个方面，制造业面临的主要矛盾表现为"财务数据和业务数据的严重脱节"。1977 年 9 月，美国著名生产管理专家奥列弗·怀特（Oliver Wight）提出了一个新概念——制造资源计划（Manufacturing Resources Planning），称为 MRPII。MRPII 将财务子系统与生产子系统结合到一起，形成一个整体系统，并实现对物流和资金流的统一管理。进入 90 年代，MRPII 得到了蓬勃发展，其应用也从离散型制造业向流程式制造业扩展，不仅应用于汽车、电子等行业，也能用于化工、食品等行业。随着信息技术的发展，MRPII 系统的功能也在不断地增强、完善与扩大，向企业资源计划（ERP）发展。

到 20 世纪 90 年代之后，特别是进入 21 世纪在经济全球化背景下，企业的供需关系和市场竞争范围扩大到全世界，这时企业的信息化管理已不能满足于仅限在内部了，新的需求是"管理整个供需链"。1990 年 4 月 12 日，Gartner Group 公司发表了题为《ERP：下一代 MRPII 的远景设想》的研究报告，第一次提出了 ERP 的概念，并提到了作为 ERP 核心的两个集成——"内部集成"和"外部集成"。之后几年 Gartner Group 公司又发表了一系列研究报告，提出 ERP 作为 MRPII 系统的下一代，在 MRPII 内部集成的基础上，"打破企业的四壁，把信息集成的范围扩大到企业的上下游，管理整个供需链，实现供需链制造"。我国著名的 ERP 专家陈启申在其《ERP——从内部集成起步》一书中将 Gartner Group 公司定义的 ERP 内涵总结为：ERP 是一种企业内部所有业务部门之间及企业同外部合作伙伴之间交换和分享信息的系统；是集成供需链管理的工具、技术和应用系统，是管理决策和供需链流程优化不可缺少的手段，是实现竞争优势的同义语。

**2. ERP 的主要特点**

从上文介绍的 ERP 概念的产生，可以看到"MRP→MRPII→ERP"的发展过程，从企业物流到资金流，从企业内部到外部上下游之间的整个供需链，信息集成范围逐渐扩大。除了这一特点之外，理解 ERP 还需注意以下几点。

（1）ERP 系统的应用范围广泛。不仅信息集成范围比 MRPII 更广，ERP 还覆盖制造业以外的许多领域。MRPII 是面对制造业的管理信息系统，传统的 MRPII 系统把企业归类为几种典型的生产方式来进行管理，如重复制造、批量生产、按订单生产、按订单装配、按库存生产、连续流程、单件作业等，对每一种类型都有一套管理标准。虽然 ERP 由此发展而来，并且 20 世纪 90 年代初 Gartner Group 公司的一系列 ERP 相关研究报告都归于计算机集成制造（Computer Integrated Manufacturing，CIM）类别中，说明 ERP 本来是一种用于制造业的管理信息系统，但随着 ERP 概念的兴起和软件供应商们的不断努力，ERP 的应用范围不再限于制造业，而是能支持和管理一种混合制造环境，满足企业多元化经营的需求，乃至直接用于制造业之外的其他行业，如零售业、科技企业、通信业、金融业等。

（2）ERP 是模块化的企业级管理信息系统。ERP 是一种软件供应商以模块化软件包形式提供的企业管理软件系统。ERP 系统的各个模块是其子系统，ERP 系统通过对它们之间的数据集成，实现对企业内、外部的信息集成。但需要特别指出的是，随着 ERP 概念的普及，世界各地的大大小小软件供应商们根据自己的需要定义了自己的 ERP 产品，有的在 Gartner Group 公司给出的 ERP 内涵基础上缩小了范围，例如仅涵盖企业内部管理范围、仅代表生产制造系统或者仅代表会计系统；有的进一步扩大了范围，例如增加商务智能模块等。同时，不同软件面向的对象不同，各自特色不同，不同软件的差别很大。实际上，无论是学术讨论还是商业行为，如果理解了我们前文讲解的管理信息系统分类的不同维度，了解了 ERP 概念产生的历史，就能够理解特定情境下讨论的具体 ERP 软件产品的实质。

相关链接

## 德国 SAP 公司 R/3 系统的主要模块

不同的软件供应商提供的 ERP 产品各有特色，且拥有的主要模块组成也不尽相同。著名 ERP 供应商德国 SAP 公司的代表性产品 R/3 系统其基本结构如图 3－4 所示。

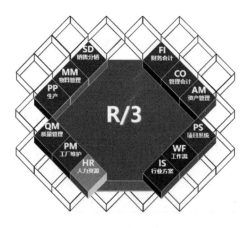

**图 3－4　SAP R/3 的主要模块**

R/3 系统由 12 个主要模块构成，包括：（1）财务会计模块（FI），包括应收、应付、总账、合并、投资、现金管理等功能；（2）管理会计模块（CO），包括利润及成本中心、产品成本、项目会计、获利分析等功能；（3）资产管理模块（AM），包括固定资产、技术资产、投资控制等功能；（4）销售与分销模块（SD），包括销售计划、询价报价、订单管理、运输发货、发票等的管理，以及对分销网络进行管理等功能；（5）物料管理模块（MM），包括采购、库房与库存管理、MRP、供应商评价等功能；（6）生产计划模块（PP），包括对工厂数据、生产计划、MRP、能力计划、成本核算等的管理；（7）质量管理模块（QM），包括质量计划、质量检测、质量控制、质量文档等功能；（8）工厂维修模块，包括维护及检测计划、交易所处理、历史数据、报告分析等；（9）人力资源模块（HR），包括薪资、差旅、工时、招聘、发展计划、人事成本等功能；

（10）项目管理模块（PS），包括项目计划、项目预算、能力计划、资源管理、结果分析等功能；（11）工作流管理（WF），包括工作定义、流程管理、电子邮件、信息传送自动化等功能；（12）行业解决方案（IS），可针对不同的行业提供特殊的应用和方案。这些功能覆盖了企业供应链上的所有环节，能帮助企业实现整体业务经营运作的管理和控制。这些模块可以供不同企业根据自己的需求进行选用，也可以根据需求增加个性化模块。

资料来源：根据互联网相关资料整理。

（3）ERP 凝结了众多管理思想。1990 年前后，陆续出现了一系列新的管理思想，如精益生产（Lean Production，LP）、敏捷制造（Agile Manufacturing）、约束理论（Theory of Constraint，TOC）、准时制生产（Just in Time，JIT）、全面质量管理（Total Quality Management，TQM）、价值链（Value Chain）等，它们奠定了 ERP 系统设计的管理理论基础。因此，有学者认为，ERP 既是一款软件产品，是当今企业管理软件的代表；又是一个系统，是集企业管理理念、业务流程、基础数据、计算机软、硬件于一体的管理信息系统；还是一种管理思想，即 ERP 凝结了上述管理思想的精髓，是实现这些管理理论的载体。

（4）ERP 与业务流程再造紧密相关。如前所述，ERP 凝结了众多管理思想，代表了更为科学的管理模式。这样，当企业传统的生产和组织机构与要实施的 ERP 系统的要求有矛盾之处时，往往需要在系统实施前对企业旧的运作方式进行流程再造，实际上也是利用信息系统来帮助企业实现先进管理思想的应用。并且，由于 ERP 是对企业内、外信息的集成，显然这种再造是涉及整个供需链上的企业的。流程再造的概念和应用已经从企业内部扩展到企业在整个供需链上的流程和组织机构的再造。

## 3.2.2　会计信息系统

从职能维度对管理信息系统进行分类，会计信息系统（Accounting Information System，AIS）是对会计数据进行收集、存储、处理和报告的管理信息系统，其目标是为会计信息使用者提供对决策有用的信息。许多学者对于会计信息系统的内涵给出了自己的理解，在一定程度上扩大了会计信息系统概念的外延：美国学者乔治·H. 博德纳（George H. Bodnar）在其《会计信息系统》一书中指出，会计信息系统是基于计算机的，将会计数据转换为信息的系统，但是我们更广泛地使用会计信息系统这一概念，使其包括业务处理循环、信息技术的使用以及信息系统的开发；中国人民大学张瑞君教授等在其《会计信息系统》一书中指出，会计信息系统是一个面向价值信息的信息系统，是从对其组织中的价值运动进行反映和监督的角度提出信息需求的信息系统，即利用信息技术对会计信息进行采集、存储和处理，完成会计核算任务，并能提供为进行会计管理、分析、决策使用的辅助信息的系统。在信息社会，会计工作中常规的可以程序化的任务将由会计信息系统处理，同时会计信息系统还将辅助会计人员完成其他管理与决策任务。

从应用技术的角度，会计信息系统经历了三个发展阶段。第一个阶段是早期的手工会计信息系统阶段。财务人员应用笔、墨（墨水）、纸质账簿、算盘（计算器）等工具，完成对会计数据的记录、分类、汇总、计算、制表等工作。第二个阶段是机械会计信息系统阶段。20 世纪初，财务人员应用穿孔机、卡片分类机、机械式计算机、机械制表机等机械设备，完成对会计数据的记录、分类、汇总、计算、制表等工作。机械会计信息系统阶段只是一个过渡阶段，只有国外一些当时实力强劲且对科学管理非常重视的大型企业应用过机械会计，并且在电子计算机普及之后迅速被更新升级，我国几乎没有经历过这一阶段。第三个阶段是基于计算机的会计信息系统阶段。20 世纪 80 年代后，随着电子计算机技术的进步和普及，基于计算机的会计信息系统开始迅速发展，几十年来随着信息使用者需求的变化和技术的进步不断提升，始终保持着活力。

企业所处行业不同、核算和管理需求不同，会计信息系统所包含的内容及各子系统的划分方法也是不尽相同的。总体来说，会计信息系统可以包括财务会计子系统（包括总账、应收账款核算、应付账款核算、费用报销、存货核算、薪资核算和固定资产核算等内容）、管理会计子系统（包括成本管理、预算管理和资金管理等内容）以及管理报告和分析展现子系统。这种对会计信息系统所包含子系统的划分方式，也基本对应了管理信息系统分类维度的层次维。

关于会计信息系统与 ERP 系统的关系，基本的理解是会计信息系统是 ERP 系统的重要组成部分。从前面介绍的 ERP 的概念可知，ERP 强调的是企业内、外部信息的集成。而建立业财一体化的管理模式，将财务子系统与生产子系统结合到一起，实现对企业物流和资金流的统一管理，正是企业内部集成的关键核心概念。具体到应用软件的表现形式，由于不同软件供应商提供的 ERP 软件各模块的划分方式不同，会计信息系统体现在 ERP 系统中的形式也不尽相同。

## 3.3　财务共享服务中的信息系统

### 3.3.1　财务共享服务中的信息系统架构

财务共享服务作为一种新型的会计作业管理模式，除了对原有会计组织架构进行再造之外，显然也还需要一整套信息系统来将这种新模式实现，这套系统从管理信息系统的职能维分类属于会计信息系统，当然还可以有行业维、层次维等不同维度。

具体到系统应用层面，不同的财务共享服务中心，因企业需求不同，使用的系统所包含的内容是不尽相同的，系统内集成相关信息的方式和过程也是不尽相同的。图 3-5 给出了目前比较常见的财务共享服务中使用的信息系统架构。具体可划分为业财连接、共享支撑、会计核算、资金管理、发票税务、财务控制和决策支持等板块，包含若干子系统。下面就其中最常见的一些子系统进行具体介绍，包括电子影像系统、网上报账系统、电子档案系统、会计核算系统、合并报表系统、资金管理系统、银企互联系统、预算控制系统和税务管理系统。

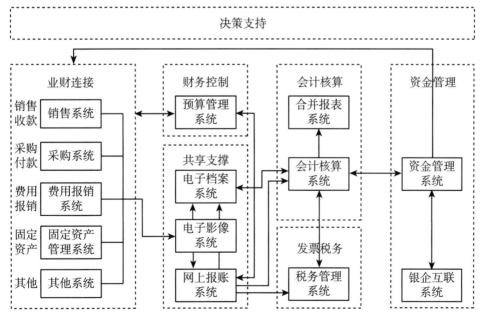

**图 3-5　财务共享服务中的信息系统架构**

### 3.3.2　电子影像系统

电子影像系统作为共享支撑板块的子系统，可以将各类实物单据转换为电子影像，包括采集电子发票影像，实现电子信息采集、影像处理和传输、集中存储和影像查询、调阅管理。

电子影像系统可以直接从销售系统、采购系统等业务系统中采集电子影像，也可以通过对实务单据拍照、扫描等方式采集电子影像，将电子影像提供给网上报账系统支持对单据的电子审核，最终电子影像汇至电子档案系统进行实物和电子凭证的匹配归档。财务共享服务中电子影像系统与其他系统的关系如图 3－6 所示。

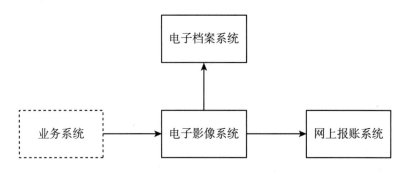

图 3－6　电子影像系统与其他系统的关系

电子影像系统流程包括影像采集、影像处理、影像传输和影像查询，如图 3－7 所示。

图 3－7　电子影像系统流程

（1）影像采集。影像采集是电子影像系统流程中的第一步，也是最基础的活动。财务共享服务中的票据电子影像采集，早期多采用由财务共享服务中心派驻到各单位当地的票据员扫描实物单据的方法。随着信息技术的快速发展，目前已经有更多的影像采集方式。例如，电子影像系统可以直接从销售系统、采购系统等业务系统中采集各种合同、单据电子影像；又如，报销人员使用手机上的费用报销 App 直接给纸质发票拍照采集发票电子影像；而对于应用范围越来越广泛的电子发票，更可以通过 App 直接从微信、支付宝卡包中获取信息。

（2）影像处理。对采集的电子影像进行图片处理，实现影像效果优化，如实现电子影像的合并、旋转、去除黑边、自动纠偏、影像压缩等。随着智能 OCR 技术和智能版面分析技术的发展，可实现对发票电子影像的智能识别、分类，自动计算增值税等功能。

（3）影像传输。电子影像采集和处理后与对应业务报账单匹配分组，系统按分组上传至服务器。支持即时上传、定点上传和断点续传，同时也支持逐单上传和批量上传。整个影像传输过程中采用加密的格式进行传递，确保数据在网络传输过程中的安全性。

（4）影像查询。电子影像系统提供统一平台化的电子影像查询调阅管理，可以进行影像查询、影像调阅、数据统计（如影像扫描业务量统计、影像处理时间、审核时间统计等）、影像操作日志查询等。

电子影像系统的价值在于：（1）降低成本，提高效率。在系统中电子影像可以随时调阅、审核，解决了异地实务单据传递问题，节省人力物力，提高信息传递效率。（2）保障档案安全，提高档案管理水平。电子影像的充分利用降低了实务单据在频繁流转的情况下遗失与损毁的风险，同时方便归档，有助于提高档案资料管理的规范性和效率。

### 3.3.3　网上报账系统

网上报账系统是共享支撑板块的核心子系统，也是如第 2 章所述财务共享服务中会计流程再造的关键所在。网上报账系统根据企业财务流程可划分为收入收款域、采购付款域、员工报销域、资产报账域、薪酬报账域等核心报账域，分别实现了这些业务和财务系统的互联互通，是财务共享服务模式下业务和财务的交互平台。对于业务部门，网上报账系统是共享服务中心财务服务的统一窗口和通道，也是业务单据流转的平台；对于财务部门，网上报账系统是财务结构化数据的采集平台，也是财务制度的管控平台。

网上报账系统前端电子影像系统，实现业务数据和票据电子影像的采集；通过工作流平台与预算管理系统互联，实现内控要求的相关审核及审批；后端连接会计核算系统、税务管理系统和电子档案系统，实现业财税一体化和档案管理的电子化和自动化。财务共享服务中网上报账系统与其他系统的关系如图 3－8 所示。

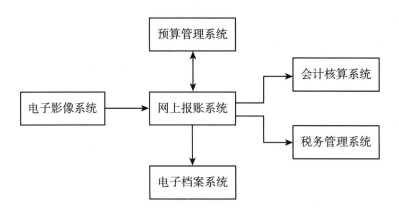

**图 3 - 8　网上报账系统与其他系统的关系**

　　网上报账系统主要内容包括业务申请管理、报账申请管理、业务审批管理、任务分配管理、财务审核管理和查询分析管理等，如图 3 - 9 所示。

**图 3 - 9　网上报账系统主要内容**

　　（1）业务申请管理。业务申请是指员工对某一业务事项的申请，如采购、出差等。根据单位的管控需要，可以规定哪些业务必须采用事前申请。对于这些业务，员工在网上报账系统提交事前申请，经领导审批后方可进入下一业务流程。

　　（2）报账申请管理。报账申请环节实现了财务信息的采集，可以从业财连接板块的各业务系统中直接采集报账模板所需数据和单据电子影像，也可以由报账人执行报账信息的采集工作（如，报账人在报账系统中填写相关信息、对单据进行拍照）以及由财务共享服务中心派驻当地的票据员协助共同完成报账信息的采集工作（如，由票据员进行单据扫描工作）等。

　　（3）业务审批管理。无论是业务申请还是报账申请，都需要相关领导进行审批。网上报账系统通过提供工作流平台，实现可视化定义跨单位、跨部门的流程审批。业务处理时，电子单据在系统中按照定义好的流程进行签批流转，实现各类审批的流程化管理。网上报账系统还支持多种审批方式，如代理审批、加签审批、业务会签、回退审批和跳转审批等，系统可以根据企业需求在不同流程中配置不同的审批方式。

（4）任务分配管理。网上报账系统可以将经过审批、待审核的单据，通过设置各种灵活的任务分配规则（例如，单据的优先级、财务审核人员的工作效率、单据总量等），在共享服务中心财务审核人员中间进行分配，并对单据的处理过程进行详细记录，以备绩效考核和分析评价使用。除了系统根据规则进行任务分配的模式外，系统还支持"抢单"模式，即财务审核人员根据自己的单据处理库存情况在单据作业池中自主获取单据任务。

（5）财务审核管理。财务审核主要针对已经通过领导审批的单据，审查的是系统中填写的单据详情与提交人提供的单据电子影像是否吻合。经共享服务中心财务审核人员审核完成后，系统可以自动发送资金结算信息到资金管理系统进行资金结算，同时可以根据系统中预设的凭证模板在会计核算系统中自动生成会计凭证。

（6）查询分析管理。员工和领导可以在网上报账系统中自助维护个人信息、查询报账处理进度。对于财务分析人员和企业决策者，网上报账系统支持自定义多维度统计，如可按多种统计方式查询统计报账单发生情况，按照不同维度进行汇总显示和图形化展示。系统还可以对共享服务中心财务审核人员的工作时间、工作数量和质量等进行查询和多维度统计。

网上报账系统的价值在于以下几个方面。（1）信息采集规范化和标准化。网上报账可以克服基于纸面的数据采集的很多不足，特别是信息采集规范化和标准化的问题。（2）信息传递无纸化、自动化和流程高效化。网上报账系统基于电子影像模式，实现报账流程中影像单据传递代替纸面单据传递，使得相关领导审批、财务审核等环节都可以通过查看单据电子影像来完成，从而实现审批、审核与核算的信息传递无纸化、自动化以及流程高效化。（3）提高报账全流程效率。网上报账系统可以让报账人和审批人在任何时间、任何地点提单报账或者进行相关审批，同时可以全程透明查询、追踪报账流程进展，这种自助模式大大提高了报账全流程效率和使用者满意度。

### 3.3.4　电子档案系统

电子档案系统作为共享支持板块的子系统，是将企业会计档案纳入系统管理，实现会计凭证和电子影像的自动匹配、分册，对电子档案的打印、归档、借阅、销毁全流程进行系统内有迹可查的规范管理。

电子档案系统从网上报账系统、电子影像系统获取单据影像等信息，从会计核算系统获取会计凭证等信息。财务共享服务中电子档案系统与其他系统的关系如图 3 - 10 所示。

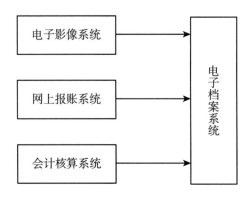

**图 3 - 10　电子档案系统与其他系统的关系**

电子档案系统流程包括凭证匹配、凭证分册、档案查询、档案借阅，如图 3 - 11 所示。

**图 3 - 11　电子档案系统流程**

（1）凭证匹配。电子档案系统自动将会计凭证与电子报账单进行匹配，形成凭证编号。

（2）凭证分册。根据凭证编号进行凭证分册，凭证分册分为连号分册和断号分册（例如，按照业务类型或日期分册），企业可根据不同需求进行选择。

（3）档案查询。电子档案系统提供统一平台对明细账、会计凭证、报账单信息以及原始票据的信息进行查询和统计。

（4）档案借阅。电子档案系统提供统一平台处理会计电子档案的调阅，包含借阅申请和系统内的电子审批流程。

电子档案系统的价值在于：（1）提高档案信息传递效率。通过将各分子公司的报账信息以规范化的形式集中到共享中心的电子档案系统中可以实现信息高效、完整、准确地传递，减少实务传递的工作量，提高工作效率。（2）形成统一的凭证电子档案库。将报账、会计凭证、原始凭证等电子信息和原始凭证形成统一的电子档案，实现财务电子档案的电子化、集中化管理。

---

相关链接

## 智能票据箱

智能票据箱（见图 3-12）兼具扫描器、装订机、打印机和票据存储箱四个硬件功能，帮助员工一站式自助提交纸质单据，特别是解决员工找不到打印机或者手机连接打印机麻烦的问题，营造高品质报销体验，提高效率；同时，还大大减少了原来共享服务中心票据员的工作量，降低企业人力成本。

如图 3-13 所示，在费用报销流程中，员工取得纸质发票后，通过手机上的费用报销 App 可以直接拍照并进行 OCR 识别，自动采集发票电子影像并将识别信息录入系统。员工报销时在费用报销 App 中填写报销单内容后可以在系统内直接勾选已经拍照的发票影像，将报销单信息和发票电子影像信息关联起来，并生成报销单条形码。然后，使用智能票据箱读取手机中的条形码，打印报销单封面，将封面和发票顺序整理后使用票据箱感应装订，再将装订后的报销单封面和发票投入票据箱即可。而对于共享服务中心在当地的票据员来说，也只需开箱后做好后续纸质档案分类、保管等工作即可。

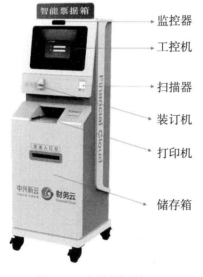

图3-12　智能票据箱

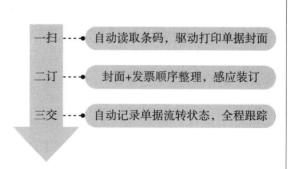

图3-13　员工报销流程

资料来源：中兴财务云，经整理。

### 3.3.5 会计核算系统

会计核算系统是会计核算板块的核心部分，前端连接网上报账系统进行数据抽取，生成会计核算数据并与资金管理系统相连接，从而实现结算资金信息的传递，包括将待结算资金信息传给资金管理系统进行结算，以及接收已结算资金信息生成新的会计核算信息；同时，还将会计核算数据传给合并报表系统、税务管理系统和电子档案系统以完成相关业务活动，如图 3 - 14 所示。

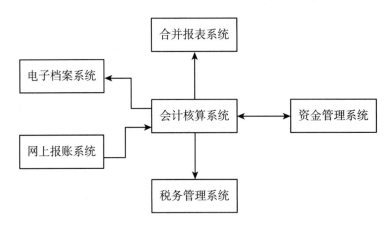

**图 3 - 14　会计核算系统与其他系统的关系**

会计核算系统包括总账、应收账款核算、应付账款核算、费用报销、存货核算、薪资核算和固定资产核算等内容，如图 3 - 15 所示。其中，总账是会计核算系统的核心和基础。费用报销是近年来从应付账款核算中分解和衍生出来的新的独立内容。还要注意的是，在有些 ERP 系统架构中，存货核算隶属于物料管理或者其他模块，薪资核算隶属于人力资源模块，而固定资产核算隶属于资产管理模块。

**图 3 - 15　会计核算系统主要内容**

（1）总账。依据从网上报账系统抽取的数据，完成凭证管理、记账、结账、对账、账簿查询和打印输出等作业。

（2）应收账款核算。完成对各种应收账款的记录，进行账龄分析、坏账估计、核销等工作，帮助相关人员进行有效的应收账款管理。

（3）应付账款核算。完成对各种应付账款的记录，进行应付账款账户统计、核销等工作，帮助相关人员进行有效的应付账款管理。

（4）费用报销。完成对管理费用和销售费用的记录，进行费用明细统计、分析等工作，帮助相关人员进行有效的费用管理。

（5）存货核算。完成对存货的入库、出库的成本核算工作，进行存货库龄分析、呆滞积压分析、周转分析等，帮助相关人员进行有效的存货管理。

（6）薪资核算。完成职工薪资计算、工资费用汇总和分配、个人所得税计算等工作，实现各种工资信息查询、统计和打印等功能，帮助相关人员进行有效的人力资源管理。

（7）固定资产核算。完成固定资产增减变动核算、计提折旧和分配，管理固定资产卡片，实现各种灵活的查询、统计和打印等功能，帮助相关人员进行有效的固定资产管理。

会计核算系统的价值在于以下几个方面。（1）高度集成和融合，确保业务处理及时、准确。会计核算系统与网上报账系统、资金管理系统、合并报表系统、税务管理系统和电子档案系统连接，这种高度的集成和融合保证了会计凭证、账簿、报表（包括合并报表）等的及时、准确生成，也保证了资金结算、相关税务处理和信息归档等业务的及时、准确处理。（2）支持灵活多样的信息展现，更好地进行决策支持。会计的目标是提供决策相关信息，财务业务一体化模式下的会计核算系统，能够为决策支持系统提供及时、准确并且充足的数据，为决策支持系统进行多种数据分析和灵活多样的信息展现夯实了基础。

### 3.3.6　合并报表系统

合并报表系统是会计核算板块的一个重要组成部分。合并报表系统通过与会计核算系统的数据对接，可以按照预设的规则实现全集团内合并业务逻辑的统一，提高合并报表的准确性、规范性和及时性。

合并报表系统前端连接会计核算系统，通过数据抽取功能从会计核算系统中抽取数据，并按照相关合并规则对数据进行校验、转换与合并，以展示企业需要的合并报表信息。财务共享服务中合并报表系统与其他系统的关系如图 3 - 16 所示。

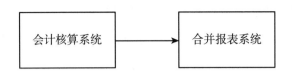

**图 3 – 16　合并报表系统与其他系统的关系**

合并报表系统流程包括数据抽取、数据调整和录入、数据合并和数据展示，如图 3 – 17 所示。

**图 3 – 17　合并报表系统流程**

（1）数据抽取。从会计核算系统抽取集团下属各分公司、子公司的相关财务数据，将数据分单位、分主题、多维交叉、逐级汇总校验，同时将校验完毕的数据进行外币折算，最后传递至数据合并模块进行合并。

（2）数据调整和录入。包括内部交易匹配、日记账调整和补充信息。在数据抽取完毕后，需要进行内部交易的匹配工作，查看对账结果并处理差额。

（3）数据合并。主要处理各子公司间的抵销处理和合并处理，如内部往来抵销、内部固定资产交易抵销、投资收益抵销、投资合并等。

（4）数据展示。可满足集团和分公司、子公司的多单位、多版本查询需求，支持并表查询、数据穿透等功能，同时满足财务和审计的需求。

合并报表系统的价值在于：（1）提高合并报表基础数据的准确性。（2）使关联交易抵销更充分、快捷。（3）缩短合并报表编制周期。各分公司、子公司的财务核算结束后可以及时传输合并报表所需的基础数据。同时，通过报表检查、自动对账、自动抵销等功能迅速完成报表编制。

### 3.3.7　资金管理系统

资金管理系统与银企互联系统共同构成了财务共享服务中的资金管理板块。资金管理系统通过账户管理、资金结算管理、投融资管理等功能，与银企互联系统一起，实现对企业集团内采纳财务共享服务模式的各个单位资金的集中管理。

资金管理系统前端与会计核算系统连接，实现待结算资金信息的传递；后端与银企互联系统连接，完成银行与企业间资金数据的交互；同时资金结算系统还与各相关业务系统相连接，以将相关资金结算信息相应地传给各业务系统。财务共享服务中资金管理系统与其他系统的关系如图3-18所示。

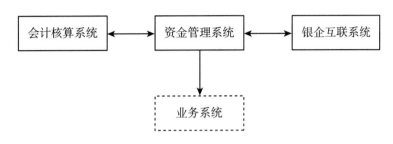

**图3-18　资金管理系统与其他系统的关系**

资金管理系统基本内容包括账户管理、资金结算管理、投融资管理、外汇管理等，如图3-19所示。独立的资金管理系统往往还集成了资金计划管理、资金报表管理等，但本书认为，作为财务共享服务中资金管理板块的一个子系统，资金管理系统的内容界定可以是狭义的，资金计划管理内容可以归为预算管理系统，资金报表管理内容可以归为决策支持系统。

**图3-19　资金管理系统主要内容**

（1）账户管理。包括账户的开、销户和账户变更管理，账户信息管理，账户透支、冻结和解冻管理，内外部账户联动管理，账户授权管理，账户余额、交易、结算金额查询，以及头寸管理。

（2）资金结算管理。包括收款管理、付款管理和票据管理。通过与会计核算系统和银企互联系统的连接，可完成资金收付和会计凭证生成。同时，还能够提供付款指令和状态管理，提供应收、应付票据的全程跟踪和统计。

（3）投融资管理。包括投资管理，如投资收益评估、理财台账管理、定活互转等；还包括融资管理，如融资业务的申请、审批、融资台账管理、银行授信管理、还款计划管理等。

（4）外汇管理。包括结售汇管理、国际信用证管理、外汇合约管理等。

资金管理系统的价值在于以下几个方面。（1）实现资金集中管理。随着集团规模的不断扩大，企业集团资金集中管理的需要与内部资金分散的现实矛盾已经成为集团资金管理最为突出的问题。资金管理系统可以帮助企业集团根据自己的实际情况和战略需要，实现不同程度的资金集中管理。（2）提升资金管理透明度，优化资金配置。资金管理系统可以为集团搭建一个资金集中监控平台，实时反映整个企业的资金动态情况，帮助企业整合和优化资金资源配置，发挥资源价值。

### 3.3.8　银企互联系统

银企互联系统是将网上银行系统与企业资金管理系统相互连接，在银行与企业专属通道中进行数据交互的系统。银企互联系统帮助企业高效便捷地通过调用与网上银行的数据接口完成各项操作。

银企互联系统与资金管理系统共同构成财务共享服务中的资金管理板块。银企互联系统通过资金管理系统获取各项资金收付、调拨指令，然后将指令发送至银行进行操作，再将资金收付、调拨完成的信息传递给相关业务系统。财务共享服务中银企互联系统与其他系统的关系如图 3－20 所示。

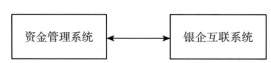

**图 3－20　银企互联系统与其他系统的关系**

银企互联系统的基本内容包括数据维护、交易处理、资金监控、查询统计，如图 3－21 所示。

**图 3－21　银企互联系统主要内容**

（1）数据维护。查询和维护企业银行账户的基本信息，包括对客户的信息维护和集团公司及其成员企业的基本信息查询和维护。

（2）交易处理。包括付款处理、收款处理和银企对账。其中，付款处理是处理来自不同系统渠道的付款数据，企业可以查询支付的交易进度和结果；收款处理是对银行收款信息的处理，系统通过银企互联自动获取银行交易明细，并在检测到收款信息后自动或手动将收款数据传送至企业内部稽核系统，从而实现应收账款的自动核销和银行收款的自动入账等操作；银企对账是指系统实时从银行获取对账数据，对账工作由财务系统根据关键字段自动完成，并制作余额调节表。

（3）资金监控。系统能够实时监控企业账户的资金存量、流量和流向，保障资金的安全。

（4）查询统计。实现多银行、多维度的信息查询和数据统计。

银企互联系统的价值在于：（1）提高资金运营效率。银企互联系统建立了企业和银行安全通畅的信息交互通道，可以实现资金不落地支付和银企自动对账，提高资金支付和管理效率。（2）加强资金风险控制。银企互联系统实现资金操作相关信息的自动校验，减少人工干预和人工操作差错率，提高了资金风险控制力度。

### 3.3.9　预算控制系统

预算管理是一个系统工程。完整、独立的预算管理系统具有预算编制和调整、预算控制、预算分析和预算考核评价等功能，支撑企业全面预算管理工作，提高企业预算管理效率。财务共享服务中财务控制板块的预算子系统体现的是预算控制功能。

根据企业的实际需要，预算控制可以涉及不同的业务或者财务节点，形成不同的预算控制流程。例如，如果在某项业务发生前，经办人进行事项申请的时候进行预算控制，则预算控制系统与业财连接板块内的各业务系统对接，实现事前控制；如果在某项业务进行报账时，主管审批时进行预算控制，则预算控制系统与网上报账系统对接，实现事中控制；预算控制系统与其他系统的对接，体现为预算数据写入其他系统，经过预算控制后，实际执行数据回写至预算控制系统。

财务共享服务中预算控制系统与其他系统的关系，如图 3－22 所示。

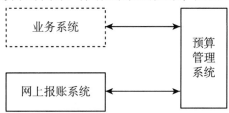

图 3－22　预算控制系统与其他系统的关系

预算控制系统流程包括预算编制、预算审核、预算实施、节点设置、预算调整如图 3 - 23 所示。

图 3 - 23　预算控制系统流程

（1）预算编制。预算编制包括企业所有的业务逻辑，如销售、生产、采购、固定资产、财务、费用、成本计算等。预算编制需要根据管理需求和业务逻辑的不断变化而改进，以达到预算控制系统的目标。

（2）预算审核。预算编制后流转至预算管理人员处进行审核，审核通过后预算编制将流转至下一阶段。

（3）预算实施。预算编制通过审核后由预算专员将其内容导入预算控制系统，生成相应的预算控制规则。

（4）节点设置。预算专员可根据企业管理需求和业务逻辑，对预算控制所在的流程节点进行设置。

（5）预算调整。预算专员可根据领导的审批对超出预算的相关业务进行预算额度调整，以完成业务处理。

预算控制系统的价值在于：（1）实现预算的事前控制和事中控制。传统模式下预算往往只能实现事后控制，失去了预算控制的意义。财务共享服务模式下通过将预算系统与相关业务系统、报账系统以及资金管理系统对接，实现预算的事前控制和事中控制，从而能够实现真正意义上的预算控制职能。（2）集团可以及时掌握各分公司、子公司预算执行过程。只有当集团预算管理部门能够更加明晰、动态地掌握各单位在预算执行过程中出现的各种情况和问题时，才能对各分公司、子公司预算执行情况的评价和考核更为公平、合理，也才可能对各单位预算的执行科学地提出具体要求和管控措施。同时，集团总体预算方案的制订也有了更多科学依据。

### 3.3.10　税务管理系统

税务管理系统与网上报账系统和会计核算系统相连接，在业务活动发生后，根据网上报账系统传输的数据自动开出对应的发票，再将信息传递到会计核算系统入账，从而实现业、财、税一体化；在会计核算系统完成涉税业务的核算后，从会计核算系统抽取数据进行纳税申报，还可以生成纳税调整报告、实际税负分析等。财务共享服务中税务管理系统与其他系统的关系如图 3 – 24 所示。

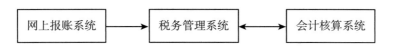

**图 3 – 24 税务管理系统与其他系统的关系**

税务管理系统的主要内容包括发票池、进项发票认证系统、销项发票管理系统、企业所得税管理系统等，如图 3 – 25 所示。

**图 3 – 25 税务管理系统主要内容**

（1）发票池。对企业生产经营过程中涉及的全类型发票进行集中管理，基于汇集的全票面信息、发票状态、报账信息、合同及关联信息等，实现发票管理便捷化、智能化。包括对接税务局查验接口，自动查验发票真伪；自定义管控发票合规预警和逾期预警；基于进销项发票进行成本收入、关联交易等分析。

（2）进项发票认证系统。包括发票数据获取、抵扣勾选、统计确认。其中发票数据获取指同步底账库和企业发票池发票，来采集发票数据；抵扣勾选功能支持底账库下载发票一键抵扣确认、发票池全部或选择抵扣确认；统计确认可以统计不同购方单位在当前税期和历史税期内抵扣发票的数量、税额及有效税额。

（3）销项发票管理系统。包括数据管理、开票管理、红废管理。其中数据管理可以对导入的数据进行检验、修改、拆分、合并等以及对客户、商品、税务编码进行智能匹配；开票管理支持金税盘、税控盘普票、专票、电票单张和批量开具，同时也支持扫码开票和手工输入信息进行开票；红废管理包含发票冲红/作废申请、校验、审核以及红废记录查询，支持发票作废关闭和作废重开。

（4）企业所得税管理系统。包括纳税调整、税务汇总审核及纳税申报、税负分析与报告。纳税调整是指税法中利润总额与会计上的利润总额的计算具有不一致的地方，按照税法的规定进行调整来计算出企业所得税；税务汇总审核及纳税申报通过抓取会计核算系统中的账务信息自动进行纳税计算，并且自动生成符合规定的纳税申报表，完成审核后进行税金支付；税负分析与报告是指根据企业所得税额来计算和分析企业税负情况，并生成报告。

税务管理系统的价值在于以下几个方面。（1）加强税务遵从规范，提高纳税申报效率。税务管理系统能够在税法规定的纳税义务产生的时点准确抓取应税数据，并按照税法规定核算税金并进行纳税申报，完成税金支付。通过信息化手段完成税金核算、纳税申报，提高了企业税务管理工作的效率。（2）为企业管理决策提供支撑。税务管理系统可以通过信息化的手段获取财务和业务系统的涉税数据形成税务数据库，根据税务规则和企业需求生成分析报告，这些报告能够为管理层决策提供强有力的数据支撑。

## 本章小结

综合本章所述，管理信息系统技术上可定义为互联部件的一个集合，它收集、处理、存储和分配信息以支持组织的决策和控制。并且，除了支持决策、协调和控制，管理信息系统还可以帮助企业分析问题、理顺思路和创新产品。管理信息系统是组织、信息技术和管理三者的有机结合，三者相辅相成，不可分割。对于管理信息系统的分类可按照职能维、行业维、层次维、流程维和智能维等维度进行。

ERP概念的产生有一个"MRP→MRPII→ERP"的发展过程，从企业物流到资金流，从企业内部到外部上下游之间的整个供需链，信息集成范围逐渐扩大。除此之外，ERP还具有以下特点：ERP系统的应用范围广泛；ERP是模块化的企业级管理信息系统；ERP凝结了众多管理思想；ERP与业务流程再造紧密相关。

从职能维度对管理信息系统进行分类，会计信息系统是对会计数据进行收集、存储、处理和报告的管理信息系统，其目标是为会计信息使用者提供决策有用信息。总体来说，会计信息系统可以包括财务会计子系统（包括总账、应收账款核算、应付账款核算、费用报销、存货核算、薪资核算和固定资产核算等内容）、管理会计子系统（包括成本管理、预算管理和资金管理等内容）以及管理报告和分析展现子系统。关于会计信息系统与ERP系统的关系，基本的理解是会计信息系统是ERP系统的重要组成部分。

具体到系统应用层面，不同的财务共享服务中心，因企业需求不同，使用的系统所包含的内容是不尽相同的，系统内集成相关信息的方式和过程也是不尽相同的。

财务共享服务信息系统架构包含的最常见的子系统包括电子影像系统、网上报账系统、电子档案系统、会计核算系统、合并报表系统、资金管理系统、银企互联系统、预算控制系统和税务管理系统，它们各具特点，以一定的方式相互连接，发挥着自己的功能和价值。

【相关词汇】

管理信息系统（Management Information System）

预算控制系统（Budget Control System）

物料需求计划（Materials Requirement Planning）

税务管理系统（Taxation System）

制造资源计划（Manufacturing Resource Planning）

企业资源计划（Enterprise Resource Planning）

精益生产（Lean Production，LP）

敏捷制造（Agile Manufacturing）

约束理论（Theory of Constraint）

准时制生产（Just in Time，JIT）

全面质量管理（Total Quality Management）

价值链（Value Chain）

会计信息系统（Accounting Information System）

电子影像系统（Electronic Imaging System）

网上报账系统（Online Accounting System）

电子档案系统（Electronic File System）

会计核算系统（Accounting System）

合并报表系统（Consolidated Reporting System）

资金管理系统（Finance Management System）

银企互联系统（Bank Enterprise System）

【小组讨论】

分组讨论财务共享服务中的信息系统未来还有哪些发展趋势。

# 第4章 费用报销共享

 学习提要与目标

本章首先介绍了费用的概念、企业费用报销的主要内容和备用金制度；然后，分析企业费用报销业务的特点，是否适合采用财务共享服务模式；继而，分析财务共享服务中的费用报销流程；最后，在此基础上，引入实例来具体演示财务共享服务中费用报销的流程和各环节、各人员角色的业务操作。

通过本章的学习，应掌握：

- 企业费用报销的主要内容；
- 企业费用报销业务的主要特点；
- 财务共享服务中的费用报销流程；
- 财务共享服务中的费用报销各环节、各角色业务操作要点。

## 4.1 费用报销业务的特点

费用是指企业在日常活动中发生的、会导致所有者权益减少的、与向所有者分配利润无关的经济利益的总流出。企业费用报销的主要内容通常为期间费用中的管理费用和销售费用。其中，管理费用是企业为组织和管理企业生产经营所发生的各种费用，包括筹建期间的开办费、董事会和行政管理部门在企业的经营管理中发生的或者应由企业统一负担的公司经费（包括行政管理部门职工薪酬、物料消耗、低值易耗品摊销、办公费和差旅费等）、工会经费、董事会费、聘请中介机构费、咨询费、诉讼费、业务招待费、技术转让费、矿产资源补偿费、研究费用、排污费等；销售费用是企业在销售商品和材料、提供劳务的过程中发生的各种费用，包括保险费、包装费、展览费和广告费、商品维修费、预计产品质量保证损失、运输费、装卸费，以及为销售本企业商品而专设的销售机构（含销售网点、售后服务网点等）的职工薪酬、业务费、折旧费等。

　　企业的费用报销业务还与企业是否实施备用金制度有关。备用金是企业拨付给企业内部非独立核算的用款单位或职工个人作为差旅费、零星采购或其他零星开支等的备用现金。采用备用金制度的企业，各用款单位或个人执行备用金领用、保管和报销等制度，并设定专人对备用金负责。备用金制度又可分为定额备用金制度和非定额备用金制度。其中，定额备用金制度是指先根据实际需要预估和核定备用金额度，各用款单位或个人据此进行备用金申领，实际支出后持凭证到财务部门进行报销和按照核定额度补足备用金；非定额备用金制度是指用款单位或个人根据具体需求向财务部门预借备用金，实际支出后持凭证到财务部门报销时作减少备用金处理，直到用完为止。如需补充备用金，再另行办理预借手续。在电子支付手段越来越发达的今天，现金的使用范围和频率越来越小，传统的与现金使用相关联的备用金概念，在一些企业已被弃用，在另一些企业被延伸为企业拨付给内部非独立核算的用款单位的银行存款额度。

　　企业的费用报销业务具有数量庞大、烦琐、重复率高等特点。传统线下费用报销业务，无论企业是否实施备用金制度，往往都需要报销人经历一个较长的填单、贴票、领导报批签字、送审和等待报销的流程，耗时费力，并且使用大量的报销单也不环保。再加上费用报销业务具有比较容易标准化的特点，将企业费用报销业务采用财务共享服务模式实现，是目前财务共享服务中心建设优先采纳的实施路径，也是比较容易体现财务共享服务价值之处。

## 4.2　费用报销共享流程

　　财务共享服务中的费用报销流程，可以根据企业的实际情况和内控要求进行设计和个性化配置。通常，企业的费用报销流程可分为先申请再报销和直接报销两种。如果想达到事前控制的目的，就要求员工在业务实际发生之前先申请，经过部门领导审批后才能进行该项业务活动，完成业务活动后再就该项业务活动发生的费用进行报销。而报销又可以按照员工是否垫款分为先垫款再报销和先借款再报销两种形

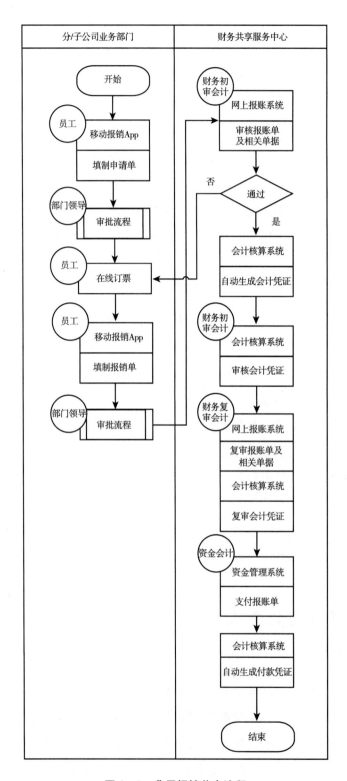

**图 4 – 1　费用报销共享流程**

式。先垫款再报销，顾名思义，是指员工在发生业务活动时没有提前借款，而是自己垫款进行业务活动，之后再凭相关票据进行报销；先借款再报销，则是指员工在业务活动发生之前，先申请了借款或者备用金，自己不垫款，待业务活动发生之后再凭相关票据进行报销，并根据实际业务发生金额对借款金额多退少补。也有的企业帮员工办理公务信用卡，员工在发生业务活动时刷卡付费，自己不垫款，只消耗公务卡额度，待业务活动发生之后再凭相关票据进行报销，报销后企业将员工的报销款打入公务卡中。这种新型模式利用员工的公务信用卡额度，实现了既不需要提前进行借款手续，又不实际占用员工资金。

图 4 - 1 为先申请再报销的费用报销流程，其他类型费用报销流程与之类似，按照其特点相应修改即可，本书不再赘述。

## 4.3　费用报销共享业务实例

从本章开始，我们引入中国日昌科技集团财务共享服务中心的案例，来具体演示财务共享服务中费用报销、销售和收款、采购和付款以及薪酬核算等共享业务的流程和各环节、各角色操作要点。

中国日昌科技集团（以下简称"日昌集团"）是一家从事精密电子元器件生产制造的大型集团公司，总部位于深圳，在北京、天津、上海、广州、西安、郑州、合肥、成都、重庆等多地设有分公司、子公司。日昌集团在郑州设立财务共享服务中心，负责集团所属全部分公司、子公司的财务共享服务业务。

北京太阳精密电子有限公司（以下简称"北京太阳"）为日昌集团在北京设立的全资控股子公司。北京太阳的日常费用报销主要包括差旅费、交通费、办公费、业务招待费、培训费、资料费等。费用报销因为其发生频率和重复率高、业务量大和处理流程容易标准化，成为北京太阳最先纳入集团财务共享服务中心的业务。财务共享服务中心对所有费用报销业务统一执行先申请再报销流程，还为集团及分公司、子公司相关人员统一申请了公务信用卡。下面，以企业频繁发生并且比较复杂的差旅费报销业务为例，展示费用报销的共享业务处理。

【例】2020 年 9 月 23 日，北京太阳精密电子有限公司行政部助理米丽在外执行联络任务，需要从西安出发去深圳出差，要在线进行差旅费申请和报销，具体信息如表 4 – 1 所示。

表 4 – 1　　　　　　　　　　　差旅费报销信息表

| 基础信息 | | | | | |
| --- | --- | --- | --- | --- | --- |
| 单位 | 部门 | 申请人 | 报销费用类型 | 摘要 | 所属科目 |
| 北京太阳精密电子有限公司 | 行政部 | 米丽 | 国内差旅费 | 行政部米丽从西安去深圳出差 | 管理费用——差旅费 |

| 发票明细（交通） | | | | | | | | |
| --- | --- | --- | --- | --- | --- | --- | --- | --- |
| 序号 | 日期 | 出发时间 | 到达时间 | 出发城市 | 到达城市 | 交通工具 | 车次/航班 | 金额（元） | 附件张数 |
| 1 | 2020/9/23 | 18:15 | 21:00 | 西安 | 深圳 | 飞机 | CZ3794 | 704 | 1 |
| 2 | 2020/9/24 | 16:45 | 21:25 | 深圳 | 西安 | 飞机 | CZ5291 | 435.50 | 1 |
| 合计 | | | | | | | | 1 139.50 | |

| 发票明细（住宿） | | | | | | | | |
| --- | --- | --- | --- | --- | --- | --- | --- | --- |
| 序号 | 出发日期 | 返回日期 | 住宿城市 | 酒店名称 | 单价（元） | 天数 | 住宿费（元） | 附件张数 |
| 1 | 2020/9/23 | 2020/9/24 | 深圳 | 深圳市××××酒店 | 878 | 1 | 878 | 1 |
| 合计 | | | | | | | 878 | |

| 支付信息明细 | | | |
| --- | --- | --- | --- |
| 序号 | 收款人账号 | 开户银行 | 支付方式 |
| 1 | 6214×××××××××××× | 招商银行北京××支行 | 网银转账 |

| 凭证分录 | | | |
| --- | --- | --- | --- |
| 方向 | 会计科目 | 借方金额（元） | 贷方金额（元） |
| 借 | 管理费用——差旅费 | 2 317.5 | |
| 贷 | 其他应付款——员工 | | 2 317.5 |
| 借 | 其他应付款——员工 | 2 317.5 | |
| 贷 | 银行存款 | | 2 317.5 |

　　费用报销业务在财务共享服务中，包括了出差前费用的申请和订票、出差完成后费用报销以及财务付款三个子流程。其中，费用的申请和订票包括费用申请和审批、在线订票两个步骤，费用报销包括发票采集、报账和审批、财务审核并生成记账凭证三个步骤，付款包括资金结算、生成付款凭证两个步骤，全部共七个步骤。全部差旅费报销业务涉及报销人、报销人领导、共享服务中心财务初审会计、共享服务中心财务复核会计、共享服务中心资金会计等角色，如表 4 – 2 所示。

表 4 - 2　　　　　　　　　　　差旅费报销共享业务中涉及的角色

| 序号 | 姓名 | 部门 | 职位 | 角色描述 |
|---|---|---|---|---|
| 1 | 米丽 | 行政部 | 行政部助理 | 差旅费事前申请和事后报销 |
| 2 | 郑文 | 行政部 | 行政部经理 | 对部门员工的费用申请和报销进行审批 |
| 3 | 沈明明 | 财务共享服务中心 | 财务初审会计 | 审核员工报账单及发票，生成会计凭证 |
| 4 | 何正 | 财务共享服务中心 | 财务复审会计 | 对员工报账单、发票及初审会计生成的会计凭证进行复审 |
| 5 | 付佳悦 | 财务共享服务中心 | 资金会计 | 对员工报销的费用进行支付 |

### 4.3.1　费用申请和订票

**1. 费用申请和审批**

（1）员工提交费用申请。

　　2020 年 9 月 23 日，北京太阳精密电子有限公司行政部助理米丽使用手机打开移动报销 App，登录后进行操作提交差旅费用申请。费用报销系统支持在手机端和 PC 端进行操作，功能和效果是一样的。对于员工来说，手机端操作可能更为便捷，因此米丽选择使用手机上的移动报销 App 进行操作。

　　首先，在移动报销 App 首页点击［事项申请］后进入"类型选择"界面，再点击［费用资金－国内差旅费］进入"差旅费申请单"界面，如图 4 - 2、图 4 - 3 和图 4 - 4 所示。

图 4 - 2　移动报销 App 首页　　　图 4 - 3　类型选择界面　　　图 4 - 4　差旅费申请单界面

　　然后，在"差旅费申请单"界面进行这笔申请的信息填写或者选择，如填写预计金额和备注，选择行程日期、出差任务、出发和到达城市以及交通工具等，如图4-5~图4-8所示。

图4-5　选择行程日期界面

图4-6　选择出差任务界面

图4-7　选择出差城市界面

图4-8　选择交通工具界面

最后，在填好的"差旅费申请单"界面单击［提交］按钮，系统跳转至"单据提交成功"界面。在"单据提交成功"界面可以看到差旅费申请人的姓名和这份差旅费申请单的提交时间，还可以看到这份申请的审批人姓名和系统代码，如图 4 – 9 和图 4 – 10 所示。至此就完成了差旅费用申请。

图 4 – 9　提交差旅费申请单

图 4 – 10　差旅申请单提交成功

费用申请人可以在提交费用申请之后，在移动报销 App 首页点击导航栏中的［单据］按钮进入"我的单据"界面进行单据查询，可以按照单据状态（包括全部、已反冲、完成、共享中心处理完成、待业务审批、待财务初审审批、待财务复审审批和作废）或者单据类型（包括全部、费用报销、借款还款和事项申请）进行查询，如图 4 – 11 和图 4 – 12 所示。

本例中，可以查询到米丽的这份差旅费申请单目前的状态为"待领导审批"，如图 4 – 13 所示。

图 4－11　移动报销单据
按状态查询

图 4－12　移动报销单据
按类型查询

图 4－13　移动报销单据
查询结果

（2）部门领导审批费用申请。

　　员工使用手机端提交费用申请后，部门领导可以根据自身情况选择使用手机端或 PC 端进行在线审批，二者的功能和效果是一样的，此处以 PC 端操作为例进行展示。

　　行政部经理郑文使用电脑登录财务共享中心，在线审批员工费用申请。

首先，郑文使用电脑登录财务共享中心，登录界面如图 4－14 所示。

图 4－14　登录财务共享中心界面

单击［费用报销］进入"费用报销"模块，可以看到"待我审批"单据，如图 4 – 15 所示。

**图 4 – 15  领导审批界面**

找到米丽的差旅费申请单后点击进入"差旅申请单"界面，查看申请单的详细信息，进行审批，如图 4 – 16 和图 4 – 17 所示。最后，领导审核申请单如果认为没有问题，填写审批意见后点击［同意］，费用申请人就可以进行在线订票；如果有问题，则点击［驳回］将申请单退回员工处进行修改。在界面的右侧，可以看到这一差旅费申请流程的"审批流"信息：开始节点为绿色，部门负责人审批节点为红色，表示当前审批流程所在阶段，即当前流程处在部门领导郑文的审批阶段。

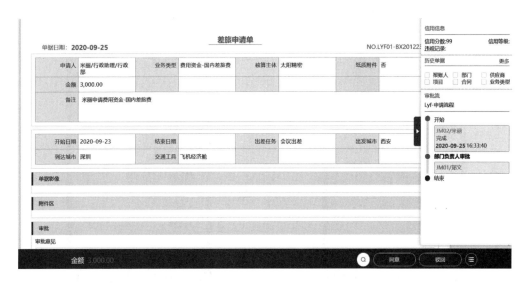

**图 4 – 16  部门领导查看申请单详细信息**

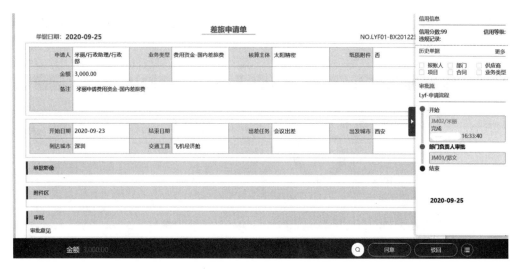

图 4 – 17　部门领导审批申请单详细信息

### 2. 在线订票

　　行政部员工米丽的差旅申请被行政部领导郑文批准后，米丽使用手机移动报销 App 进行在线订票。

　　首先，在移动报销 App 首页点击［商旅预定］进入商旅界面，如图 4 – 18 所示。

在商旅界面中选择［国内机票］，如图 4 – 19 所示。

图 4 – 18　移动报销 App 首页

图 4 – 19　商旅界面

在国内机票界面，米丽按照申请的差旅行程，包括出发城市、到达城市以及出发和返程日期进行选择来搜索飞机票，如图 4 – 20 所示。

然后，米丽在商旅系统提供的机票预订界面中选择往返机票，确认乘客信息，如图 4 – 21 所示。订票系统与商旅管理公司（Travel Mangement Companies，TMC）（如携程、飞猪、去哪儿等）或其他第三方对公商旅平台使用接口对接。

图 4 – 20　搜索机票界面　　　　　　　图 4 – 21　机票预订界面

最后，在确认选定的车票信息无误后，点击［完成］，如图 4 – 22 所示。

使用公务信用卡支付票款后，系统显示订票成功，同时系统自动给订票人发出订票信息短信，如图 4 – 23 所示。

图 4－22　确认乘客信息

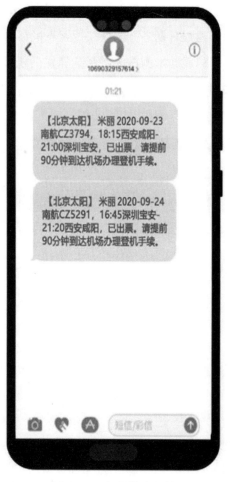

图 4－23　订票信息短信

## 4.3.2　费用报销

### 1. 发票采集

　　行政部员工米丽完成出差任务后，使用手机移动报销 App 进行发票采集以进行后续的报账工作。

　　在移动报销 App 中，员工的电子发票可以自动同步至员工本人的账号中，而纸质发票则需要员工进行手工录入。本例中，由于住宿发票开取的是纸质发票，飞机票是电子发票，因此，需要米丽手工录入住宿发票。

　　首先，进入"移动报销系统"界面，根据发票类型的不同，分为"电子发票"和"拍照识别"。"拍照识别"是纸质发票采集的入口，如图 4－24 所示。员工可以依据需要报销发票的类型自行进行选择。

　　本例中，米丽有两张飞机票电子发票和一张住宿费纸质发票要报账。首先采集电子发票信息。对于电子发票，系统可以从微信或者支付宝的卡包中进行发票信息的采集。以微信卡包为例，点击［电子发票］后，授权"移动报销系统"从微信卡包中采集电子发票，进入"选择发票"界面，选择本次报销所需的电子发票，如图 4 - 25 所示。

图 4 - 24　移动报销 App 首页

图 4 - 25　从微信卡包采集电子发票信息

　　获取电子发票后，"移动报销系统"会自动提取电子发票的信息，以供后续审批流程使用，如图 4 - 26 所示。

　　采集电子发票信息后，点击［我的发票］，在发票列表中可以看到本次出差往返机票的发票信息，如图 4 - 27 所示。如果按照这个步骤采集电子发票信息没有成功，还可以在当前界面中通过点击页面底部的［手工录入发票］按钮进行发票手工录入。

图 4 – 26　提取电子发票信息　　　　　图 4 – 27　我的发票界面

本例中，米丽还有一张纸质发票需要报销，因此点击［拍照识别］进入发票拍照界面，如图 4 – 28 所示。

只需使用手机拍照功能便能轻松采集纸质发票影像，系统可以智能识别和提取发票信息。系统还能根据识别的发票信息智能计算可抵扣税额，如图 4 – 29 所示。如果识别的发票信息有误，可以点击识别页面下方［编辑发票］手动进行信息修改。

图 4 - 28　发票拍照

图 4 - 29　智能识别发票信息和
计算可抵扣税额

## 2. 报账和审批

（1）员工提交报账单。

　　　　　米丽采集发票信息完成后，使用移动报销 App 进行差旅费报账。首

先，打开移动报销 App 首页，点击［费用报销］，如图 4 - 30 所示。

　　进入"类型选择"界面，点击［国内差旅费］，如图 4 - 31 所示。

　　系统自动识别出员工的差旅报销信息，并预填报账单。如图 4 - 32 所示。

　　在生成报账单的"选择发票"步骤界面，点击［＋发票］可进入"我的发票"

列表并选择需要报销的发票，如图 4 - 33 所示。

图 4 - 30　移动报销 App 首页

图 4 - 31　费用报销类型选择界面

图 4 - 32　差旅费报账单

图 4 - 33　选择发票

发票选择完成后，员工可以点击［保存］来保存当前进度的相关信息，也可以直接点击［下一步］进入"费用明细"界面。系统会自动计算出差补贴，如图 4 – 34 所示。员工可以核对出差补贴金额是否正确，如有错误可以点击［修改补贴］进行补贴金额的修改。

最后，在生成报账单的"费用明细"步骤界面点击［下一步］进入"支付确认"界面，核对信息无误后点击［提交］完成差旅费报账单提交，如图 4 – 35 所示。

至此，差旅费报账单已经全部填写完成，等待部门领导审批，如图 4 – 36 所示。

图 4 – 34 自动计算出差补贴　　图 4 – 35 支付确认界面　　图 4 – 36 报账单提交成功

（2）部门领导审批报账单。

员工提交费用报账单后，部门领导可以根据自身情况选择使用手机端或 PC 端进行在线审批，二者的功能和效果相同，此处以 PC 端操作为例进行展示。

行政部经理郑文登录财务共享中心审批米丽提交的差旅费报账单，在"基础数据平台"界面中单击［费用报销］进入"费用报销"模块，在"待我审批"处可以看到米丽的差旅费报账单，如图 4 – 37 所示。在这个页面中，系统显示员工报账单据的简要信息，如申请人、单据编号、单据类型、业务类型、金额、时间和操作等。

图 4-37 部门领导选择需审批报账单

领导可以根据这些信息选择需要审批的单据，点击［审批］进入"差旅报账单"界面，查看报账单的详细信息，进行审批，如图 4-38 所示。领导审核报账单如果认为没有问题，则点击［同意］，进入共享服务中心财务审核流程；如果有问题，则点击［驳回］将账单退回员工处进行修改。

图 4-38 部门领导审批报账单详细信息

### 3. 财务审核并生成记账凭证

（1）共享服务中心财务初审并生成记账凭证。

行政部助理米丽的差旅报账单经过行政部经理郑文审批通过后，报账单流转至财务共享服务中心，由共享服务中心财务初审会计沈明明进行财务初审。沈明明登录财务共享中心后，在"基础数据平台"界面中单击［共享运营］进入"共享运营"模块的［任务处理］界面，如图 4-39 所示。沈明明可以在页面上方看到自己的相关任务数据描述，包括当日已审、当月已审、月度总人均、一次性通过率等；可以通过单据编号、分配时间、任务状态来查询相关单据；还可以在页面下方看到自己目前待处理的任务。在财务共享服务中心日常工作中，如果审核人员（包括财务初审会计、财务复审会计等）已经完成了系统分配的任务，可以点击［获取任务］来获得新任务。

**图 4-39　任务处理界面**

在"共享运营"模块［任务处理］界面的任务栏中，会显示待审核单据的简要信息，财务初审会计可以通过相关信息找到米丽的单据，点击后进入"单据信息"的详细页面进行审核，如图 4-40 所示。

**图 4-40　共享中心初审报账单单据信息**

沈明明在审核米丽的差旅费发票以及差旅补贴确认无误后，在显示被审核报账单详细单据信息的页面上方点击［会计信息］，进行会计凭证制单，如图4-41所示。

| 单据信息 | 会计信息 | | | | | | | | |
|---|---|---|---|---|---|---|---|---|---|

**图4-41　会计凭证制单**

系统会根据员工提交的报账单自动抽取相关信息并编制会计凭证，财务初审会计对系统自动制单的结果进行审核（如有错误，财务初审会计可对其补充或调整），点击［最新预制凭证］可以查看该笔业务的会计凭证信息。确认会计凭证制单正确无误后，回到"会计信息"界面对该笔会计凭证制单进行审批，填写完审批意见后点击［同意］，如图4-42所示。如该笔单据有问题，则点击［驳回］，该笔单据将退回至员工处进行修改。

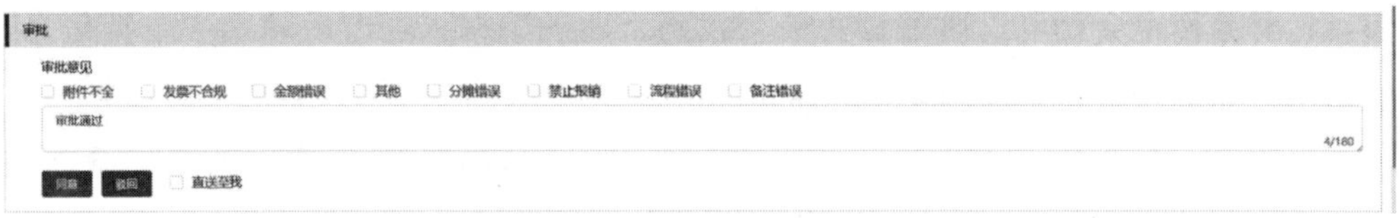

**图4-42　共享中心初审通过**

此时该笔业务通过财务共享服务中心初审，流转至财务共享服务中心财务复审会计处进行复审，系统提示已顺利审批单据，如图4-43所示。

恭喜您！已经顺利提交单据LYF01-BX2012240001，请耐心等待审核

**图4-43　单据初审通过**

（2）共享服务中心财务复审。

共享服务中心财务复审会计何正登录财务共享中心后，在"基础数据平台"界面中单击［共享运营］，进入"共享运营"模块的［任务处理］界面，如图 4-44 所示。在任务栏中找到米丽的差旅费报账单，点击后进入单据信息的详细页面进行审核，该页面与财务初审会计沈明明看到的单据信息详细页面是相同的，此处不再赘述。同理，何正通过点击［最新预制凭证］可以查看该笔业务的会计凭证信息。在对该笔报账的详细信息以及会计凭证进行复审之后，点击［同意］完成复审，该笔账单就会流转至资金结算系统，对米丽的差旅费进行付款。

图 4-44　任务处理界面

### 4.3.3　付款

**1. 资金结算**

共享服务中心资金支付会计付佳悦登录系统后，在"基础数据平台"界面中单击［共享运营］进入"共享运营"模块的［任务处理］界面，如图 4-45 所示。在任务栏中找到米丽的差旅费报账单。

图 4-45　任务处理界面

核对完该笔业务的相关信息，如业务类型、申请人、报账金额等后，可以点击该笔报账单。进入支付中心界面，核对米丽的相关信息后，再点击［确认支付］进行付款，付款成功后系统会弹出"成功"的提示，如图 4 – 46 和图 4 – 47 所示。

**图 4 – 46　支付详情界面**

**图 4 – 47　网银支付确认界面**

行政部助理米丽在手机上收到差旅费报销款的入账信息，如图 4 – 48 所示。

**图 4 – 48　报销款到账**

### 2. 生成付款凭证

共享服务中心资金支付会计付佳悦对这笔报销款进行支付后，系统会自动生成付款凭证。在"共享运营"模块的［支付中心］界面中，在任务栏内可以找到米丽的报账单，看到付款凭证已经生成，点击操作栏内的［查看详情］可以查看凭证的详细内容，如图4-49和图4-50所示。

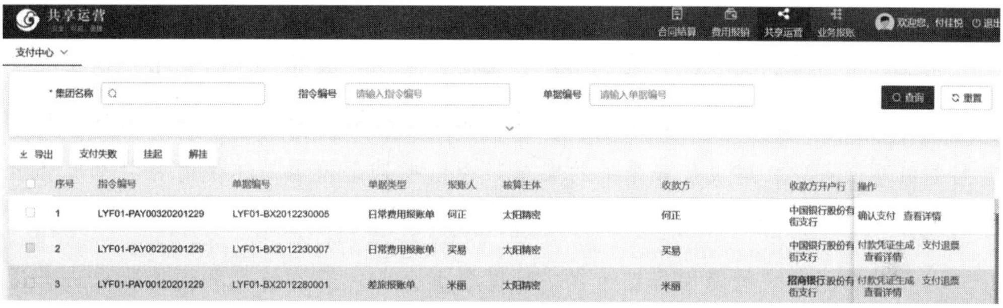

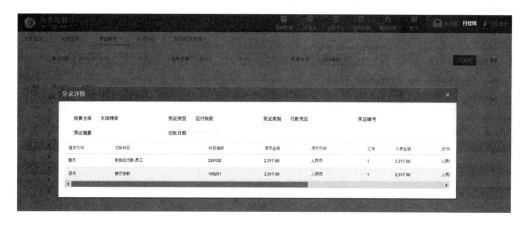

**图4-49 付款凭证生成**

**图4-50 付款凭证详情**

## 本章小结

综合本章所述，费用是指企业在日常活动中发生的、会导致所有者权益减少的、与向所有者分配利润无关的经济利益的总流出。企业费用报销的主要内容通常为期间费用中的管理费用和销售费用。其中，管理费用是企业为组织和管理企业生产经营所发生的各种费用；销售费用是企业在销售商品和材料、提供劳务的过程中发生的各种费用。

企业的费用报销业务还与企业是否实施备用金制度有关。备用金是企业拨付给企业内部非独立核算的用款单位或职工个人作为差旅费、零星采购或其他零星开支等的备用现金。备用金制度又可分为定额备用金制度和非定额备用金制度。在电子支付手段越来越发达的今天，现金的使用范围和频率越来越小了，传统的与现金使用相关联的备用金概念，在一些企业已被弃用，在另一些企业被延伸为企业拨付给内部非独立核算的用款单位的银行存款额度。

企业的费用报销业务具有数量庞大、烦琐、重复率高等特点。费用报销业务具有比较容易标准化的特点，将企业费用报销业务采用财务共享服务模式实现，是目前财务共享服务中心建设优先采纳的实施路径，也是比较容易体现财务共享服务价值的地方。

财务共享服务中的费用报销流程，可以根据企业的实际情况和内控要求进行设计和个性化配置。通常，企业的费用报销流程可分为先申请再报销和直接报销两种。报销又可以按照员工是否垫款分为先垫款再报销和先借款再报销两种形式。现在很多企业帮员工办理公务信用卡，员工在发生业务活动时刷卡付费，自己不垫款，只消耗公务卡额度，待业务活动发生之后再凭相关票据进行报销，报销后企业将员工的报销款打入公务卡中。这种新型模式利用员工的公务信用卡额度，实现了既不需要提前进行借款手续，又不实际占用员工资金。

一笔先申请再报销同时员工使用公务卡刷卡的差旅费报销业务在财务共享服务中，包括了出差前费用的申请和订票、出差完成后费用报销以及财务付款三个子流程。其中，费用的申请和订票包括费用申请和审批、在线订票两个步骤，费用报销包括发票采集、报账和审批、财务审核并生成记账凭证三个步骤，付款包括资金结算、生成付款凭证两个步骤，全部共七个步骤。全部差旅费报销业务涉及报销人、报销人领导、共享服务中心财务初审会计、共享服务中心财务复核会计、共享服务中心资金会计等角色。

【相关词汇】

费用报销（Reimbursement of Expenses）

期间费用（Period Expense）

管理费用（Administrative Expense）

销售费用（Selling Expense）

备用金（Petty Cash）

费用申请（Expense Application）

发票采集（Collect the Invoice）

财务审核（Financial Review）

记账凭证（Proof of Charge to an Account）

付款凭证（Payment Voucher）

## 【小组讨论】

1. 分组讨论为加强内部控制，财务共享服务中的费用报销流程可以采用哪些控制方式。

2. 如果企业的费用报销采用员工先借款再报销的形式，财务共享服务模式下整个报销流程是怎样的？请各小组画出流程图。

# C 第5章
## hapter 5 销售与收款共享

 学习提要与目标

本章首先介绍了企业销售与收款涉及的主要业务活动、单据和会计记录；然后，分析企业销售与收款业务具有哪些特点，是否适合采用财务共享服务模式；继而，分析财务共享服务中的销售与收款流程；最后，在此基础上，引入实例来具体演示财务共享服务中销售与收款的流程和各环节、各人员角色的业务操作。

通过本章的学习，应掌握：

- 企业销售与收款业务涉及的主要业务活动；
- 企业销售与收款业务涉及的主要单据和会计记录；
- 财务共享服务中的销售与收款流程；
- 财务共享服务中的销售与收款各环节、各角色业务操作要点。

## 5.1 销售与收款业务的特点

销售与收款是企业重要的业务循环，是形成企业利润和现金流入的主要方面。企业利润形成的基础是营业收入，而款项的及时收回是企业资产安全的重要保证。不同的行业类型其主要收入来源是不同的。如一般制造业的主要收入来源是通过采购原材料并将其用于生产流程制造产品卖给客户取得收入；而贸易业的主要收入来源是作为零售商向消费者零售商品或者作为批发商向零售商供应商品。销售业务自身也可以有多种分类，如直销和分销，又如现销和赊销。如果企业允许采用赊销政策，则产生应收账款相关业务和流程。

　　不同的企业根据其具体情况和内控要求不同，销售与收款业务的具体做法也有差异，但总体来讲都具有程序复杂，涉及的单据和记录繁多，工作量大且容易出错等特点。以一般制造业为例，销售涉及的主要业务活动（不同企业的具体活动名称和单据名称可能不同，下同）可能包括接受客户订单、批准赊销信用、编制发运凭证并发货、为客户开具发票、记录销售、办理和记录销售退回、销售折扣和折让等，涉及到的主要单据和会计记录可能包括客户订单、销售单、发运凭证、销售发票、记账凭证、汇款通知书、营业收入明细账、折扣折让明细账等；而收款涉及的主要业务活动可能包括办理和记录现金、银行存款收入、坏账核销等，涉及的主要单据和会计记录可能包括收款凭证、应收账款明细账、库存现金和银行存款日记账、坏账审批表等。

　　销售与收款业务的这些特点，加之其往往业务数量大、重复率高，以及企业对客户分类管理和对应收账款进行集中管理，保障应收账款回收的安全完整性，控制坏账风险等要求，决定了销售和收款业务在集团范围内采用财务共享服务模式实现，是比较容易体现财务共享服务价值的地方。

## 5.2　销售与收款共享流程

　　企业在销售与收款业务实施财务共享服务模式时，最突出的问题可能是要先进行全集团范围的流程梳理和标准化。如前所述，销售与收款业务涉及到的各部门活动和单据、记录繁多，那么传统模式下的流程在共享服务模式下，是否可以应用技术手段进行再造（自动化、简化甚至清除）呢？这是实施财务共享服务模式时企业应该重点关注的问题。

　　目前，对于一般制造业，财务共享服务中的销售与付款流程通常以销售合同的录入为起点展开，包括销售和收款两个子流程，如图 5-1 和图 5-2 所示。当然，财务共享服务中的销售与收款流程，可以根据企业的实际情况和内控要求进行设计和个性化配置。例如，销售部业务员发起的开票申请和收入报账申请不一定要有图中的先后顺序，可以根据企业的实际情况进行设计。

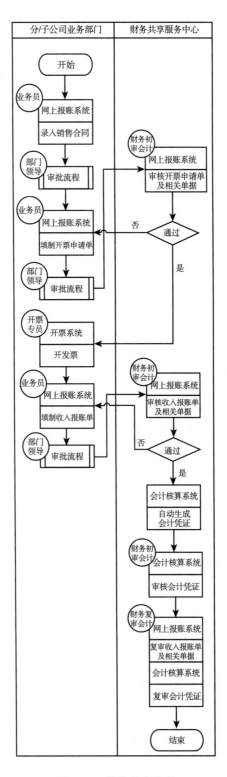

**图 5-1　销售共享流程**

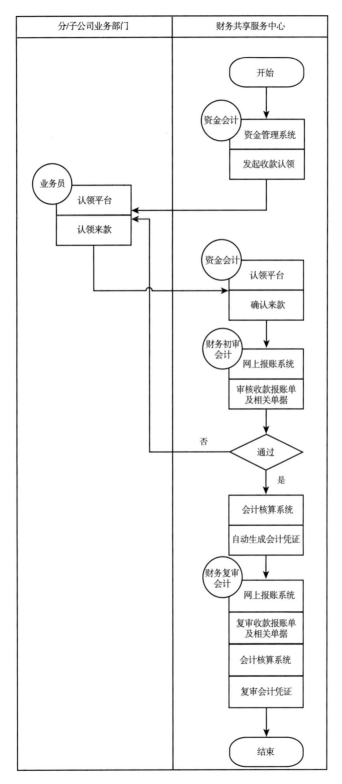

**图 5 - 2　收款共享流程**

## 5.3 销售与收款共享业务实例

本章我们以北京太阳精密电子有限公司（以下简称"北京太阳"）的销售和收款业务为实例，来具体演示财务共享服务中销售与收款业务的流程和各环节、各角色操作要点。

【例】2020 年 12 月 25 日，北京太阳的销售部业务员肖贵销售了一批商品，需要在线完成销售收入的确认和收款流程，具体信息如表 5 -1 和表 5 -2 所示。

表 5 -1 销售信息表

| 基础信息 | | | | | |
| --- | --- | --- | --- | --- | --- |
| 签订公司 | 部门 | 签订人 | 合同类型 | 客户名称 | 币种 |
| 北京太阳精密电子有限公司 | 销售部 | 肖贵 | 商品销售合同 | 富华精密电子郑州有限公司 | 人民币 |

| 合同基本信息 | | | | |
| --- | --- | --- | --- | --- |
| 序号 | 签订日期 | 合同名称 | 合同编号 | 交付日期 |
| 1 | 2020/12/25 | 富华精密电子郑州有限公司电声器件销售合同 | XS202012172234 | 2020/12/30 |

| 合同明细 | | | | |
| --- | --- | --- | --- | --- |
| 序号 | 货物名称 | 数量（件） | 含税单价（元） | 税率（%） | 含税金额（元） |
| 1 | 03 型电声器件 | 10 000 | 11.3 | 13 | 113 000 |

| 凭证分录 | | | |
| --- | --- | --- | --- |
| 方向 | 会计科目 | 借方金额（元） | 贷方金额（元） |
| 借 | 应收账款——富华精密电子郑州有限公司 | 113 000 | |
| 贷 | 主营业务收入——电声器件 | | 100 000 |
| | 应交税费——应交增值税（销项税） | | 13 000 |

表 5 -2 收款信息表

| 收款明细 | | | | |
| --- | --- | --- | --- | --- |
| 付款单位 | 收款单位 | 银行到账日期 | 业务类型 | 金额（元） |
| 富华精密电子郑州有限公司 | 北京太阳精密电子有限公司 | 2020/12/30 | 销售收款 | 113 000 |
| 摘要 | 03 型电声器件货款 | | | |

续表

| 支付明细 | | | |
|---|---|---|---|
| 序号 | 银行账号 | 银行账户户名 | 支付方式 |
| 1 | 4217×××××××××××××××× | 富华精密电子郑州 – 郑州银行纬二路支行 | 网银转账 |

| 凭证分录 | | | |
|---|---|---|---|
| 方向 | 会计科目 | 借方金额（元） | 贷方金额（元） |
| 借 | 银行存款 | 113 000 | |
| 贷 | 应收账款 | | 113 000 |

　　这一销售与收款业务在财务共享服务中，包括销售和收款两个子流程。其中，销售包括销售合同录入和复核、开票申请和审批、收入报账和审批、财务审核并生成记账凭证四个步骤，收款包括确认收款、财务审核并生成收款凭证两个步骤，全部共六个步骤。全部销售与收款业务涉及销售部业务员、销售部经理、共享中心财务初审会计、共享中心财务复核会计、共享中心资金会计等角色，如表 5 – 3 所示。

表 5 – 3　　　　　　　　　　销售与收款共享业务中涉及的角色

| 序号 | 姓名 | 部门 | 职位 | 角色描述 |
|---|---|---|---|---|
| 1 | 肖贵 | 销售部 | 销售部业务员 | 销售货物后录入销售合同，提交开票申请及销售收入报账 |
| 2 | 钱进 | 销售部 | 销售部经理 | 对部门员工销售商品的开票申请和销售收入报账进行审批 |
| 3 | 沈明明 | 财务共享服务中心 | 财务初审会计 | 审核员工报账单及发票，生成会计凭证 |
| 4 | 何正 | 财务共享服务中心 | 财务复审会计 | 对员工报账单、发票及初审会计生成的会计凭证进行复审 |
| 5 | 付佳悦 | 财务共享服务中心 | 资金会计 | 对员工报账的费用进行收支 |

## 5.3.1　销售

**1. 销售合同录入和复核**

（1）销售人员录入销售合同。

　　2020 年 9 月 25 日，北京太阳销售部业务员肖贵使用电脑登录财务共享中心，在线录入销售合同，登录界面如图 5 – 3 所示。

**图 5 - 3　登录财务共享中心界面**

肖贵进入"合同结算系统"模块，点击［合同录入］，如图 5 - 4 所示。

**图 5 - 4　合同结算系统界面**

进入"新建合同"界面来录入销售合同，如图 5 - 5 所示。在填写"新建合同"中的相关信息完毕后，点击［提交］。

**图 5 - 5　录入销售合同信息**

（2）部门领导复核销售合同。

　　北京太阳销售部经理钱进进入"合同结算系统"模块点击［合同结算］—［合同复核］，如图 5-6 所示。

**图 5-6　部门领导合同复核入口**

　　在"待审核"处审核肖贵的商品销售合同，复核完相关信息后点击［同意］通过复核，如图 5-7 所示。

**图 5-7　部门领导合同复核**

### 2. 开票申请和审批

（1）销售人员提交开票申请。

　　北京太阳销售部业务员肖贵使用电脑登录财务共享中心，在线提交销售"03 型电声器件"的开票申请。

　　首先，肖贵使用电脑登录财务共享中心，进入"业务报账"模块，点击［收入收款］，在"功能入口"栏中点击［开票申请单］进入"开票申请单"的填写界面，如图 5-8 所示。

**图 5 - 8　开票申请单入口**

然后，填写"开票申请单"中的相关申请信息如申请人、核算主体、开票类型、发票类型、购方信息、商品信息以及销售信息等，在备注栏中填写该笔申请事项的简要描述，如"向富华精密电子郑州有限公司销售 03 型电声器件"，如图 5 - 9 所示。填写完毕后，点击［提交］。

**图 5 - 9　开票申请单填写界面**

（2）部门领导审批开票申请。

北京太阳销售部经理钱进使用电脑登录财务共享中心，审批肖贵关于销售"03 型电声器件"的开票申请。

首先，钱进使用电脑登录财务共享中心，在"基础数据平台"界面中单击［费用报销］进入"费用报销"模块，在"待我审批"处可以看到肖贵的开票申请单，如图 5 - 10 所示。

**图 5 – 10 部门领导选择需审批申请单**

然后，点击肖贵的开票申请单进入"开票申请单"界面，查看申请单的详细信息，进行审批，如图 5 – 11 所示。最后，领导如果认为该申请没有问题，填写审批意见后点击［同意］，进入共享中心财务审核流程；如果有问题，则点击［驳回］将申请单退回员工处进行修改。

**图 5 – 11 部门领导审批申请单详细信息**

（3）财务共享服务中心审核并开票。

销售部业务员肖贵的销售商品开票申请单经过销售部经理钱进审批通过后，开票申请单流转至财务共享服务中心，由共享中心财务初审会计沈明明进行审核。沈明明登录财务共享中心后，在"基础数据平台"界面中单击［共享运营］进入"共享运营"模块的"任务处理"界面，找到肖贵

的单据，如图 5 – 12 所示。

**图 5 – 12　任务处理界面**

点击后进入"开票申请单"的详细页面进行审核，如图 5 – 13 所示。审核通过后由北京太阳财务部的开票专员进行开票，再由业务人员将发票发送给客户。

**图 5 – 13　共享中心审核开票申请单信息**

### 3. 收入报账和审批

（1）销售人员提交收入报账单。

在客户收到商品后，肖贵登录财务共享中心，进入"业务报账"模块，如图 5 – 14 所示。

在页面上方点击［收入收款］，在"功能入口"栏点击［收入报账］进入"收入报账单"的填写界面，如图 5 – 15 所示。

**图 5 - 14　进入业务报账界面**

**图 5 - 15　收入报账入口**

肖贵填写完收入报账单的基础信息后，在"附件区"点击［上传附件］来上传销售合同、发票、客户验收报告等销售业务报账所需要的单据，上传完成后点击［提交］，如图 5 - 16 所示。

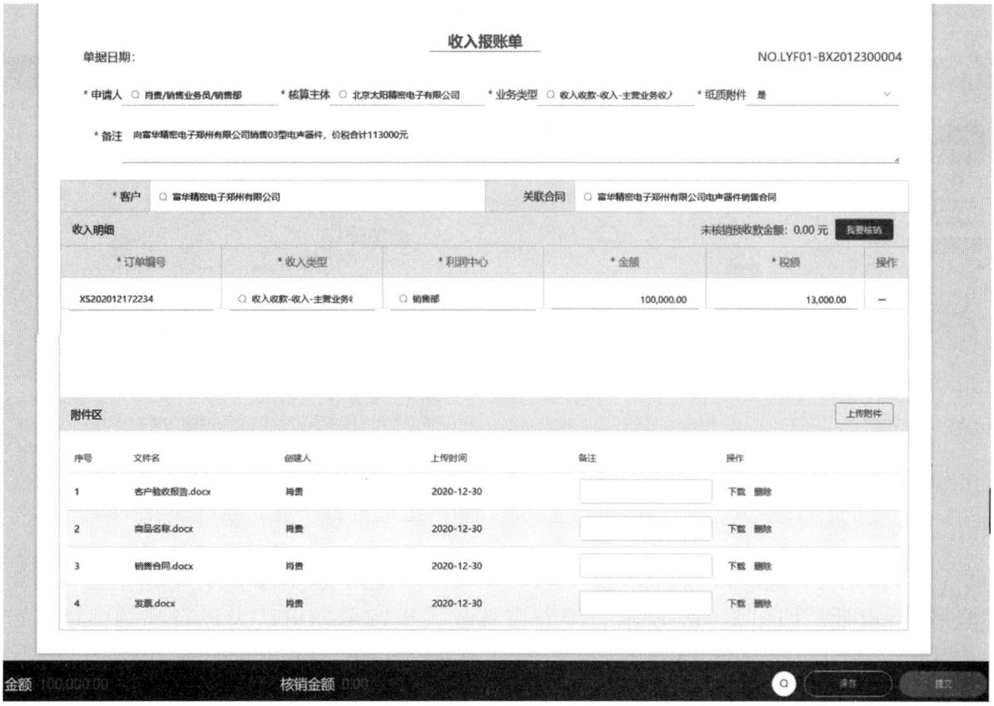

**图 5 - 16　收入报账单填写界面**

提交成功后系统跳转至“已经顺利提交单据，等待审核”界面，如图 5－17 所示。

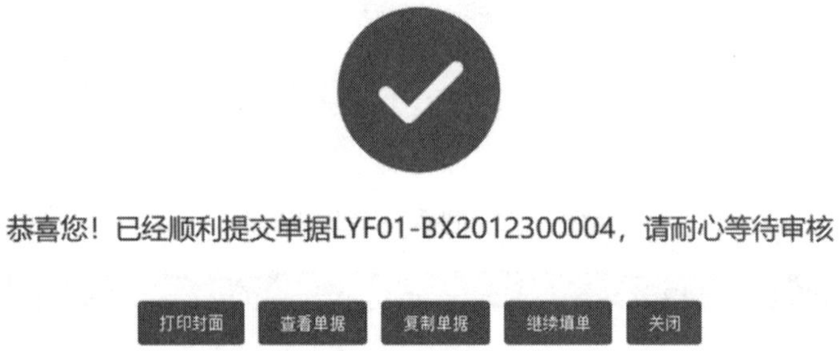

恭喜您！已经顺利提交单据LYF01-BX2012300004，请耐心等待审核
打印封面
查看单据
复制单据
继续填单
关闭

**图 5－17　单据提交成功**

（2）部门领导审批收入报账单。

钱进

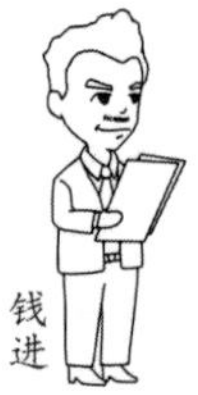

北京太阳销售部经理钱进使用电脑登录财务共享中心，在线审批肖贵的销售收入报账单。

首先，钱进使用电脑登录财务共享中心，在“基础数据平台”界面中单击［费用报销］进入“费用报销”模块，在“待我审批”处可以看到肖贵的收入报账单，如图 5－18 所示。

费用报销
钱进
个人费用报告
常用入口
待我审批
我的单据
采购审批
更多>>
LYF01-BX2012300004
收入报账单
100,000.00
2020-12-30
待业务审批
审批

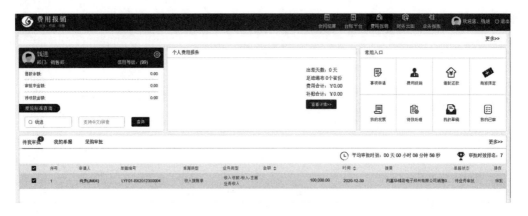

**图 5－18　部门领导选择需审批的收入报账单**

点击肖贵的收入报账单，进入“收入报账单”界面，查看收入报账单的详细信息，进行审批，如图 5－19 所示。领导审核收入报账单如果认为没有问题，填写审批意见后点击［同意］，进入共享中心财务审核流程；如果有问题，则点击［驳回］将收入报账单退回员工处进行修改。

图 5-19　部门领导审批收入报账单详细信息

### 4. 财务审核并生成记账凭证

（1）共享服务中心财务初审并记账。

销售部业务员肖贵的收入报账单经过销售部经理钱进审批通过后，报账单流转至财务共享服务中心，由共享中心财务初审会计沈明明进行财务初审。沈明明登录财务共享中心后，在"基础数据平台"界面中单击［共享运营］，进入"共享运营"模块的"任务处理"界面，如图 5-20 所示。

图 5-20　任务处理界面

财务初审会计沈明明找到肖贵的收入报账单，点击后进入"单据信息"的详细页面进行审核，如图5-21所示。

图5-21　共享中心初审收入报账单单据信息

沈明明在审核相关单据确认无误后，在显示被审核收入报账单详细单据信息的页面上方点击［会计信息］，进行会计凭证制单。系统会根据员工提交的收入报账单自动抽取相关信息并编制会计凭证，财务初审会计对系统自动制单的结果进行审核（如有错误，财务初审会计可对其补充或调整），点击［最新预制凭证］可以查看该笔业务的会计凭证信息，如图5-22所示。

图5-22　会计凭证制单

确认会计凭证制单正确无误后，回到"会计信息"界面对该笔会计凭证制单进行审批，填写完审批意见后点击［同意］，如图 5 - 23 所示。

| 单据信息 | 会计信息 | | | | | | | | | |
| --- | --- | --- | --- | --- | --- | --- | --- | --- | --- | --- |

**凭证信息**

| 核算主体 | 北京太拓精密电子有限公司 | 凭证类型 | 应收账款 | 凭证类别 | 实付凭证 | | 凭证编号 | | | |
| --- | --- | --- | --- | --- | --- | --- | --- | --- | --- | --- |
| 凭证摘要 | | 记账日期 | 2020-12-30 | | | | | | | |
| 借贷方向 | 记账科目 | | 科目编码 | 原币金额 | 原币币种 | 汇率 | 分录金额 | 币种 | 辅助核算 | 摘要 |
| 贷方 | 主营业务收入-通信设备 | | 500106 | 100,000.00 | 人民币 | 1.0000 | 100,000.00 | 人民币 | 辅助核算 | |
| 借方 | 应收账款 | | 1122 | 113,000.00 | 人民币 | 1.0000 | 113,000.00 | 人民币 | 辅助核算 | |
| 贷方 | 应交税费-应交增值税-销项 | | 22210101 | 13,000.00 | 人民币 | 1.0000 | 13,000.00 | 人民币 | 辅助核算 | |

共 3 条　< 1 >

审核要点：

借方金额合计：113,000.00
贷方金额合计：113,000.00
借方原币金额合计：113,000.00
贷方原币金额合计：113,000.00

**审批**

审批意见
□ 附件不全　□ 发票不合规　□ 金额错误　□ 其他　□ 分摊错误　□ 禁止报销　□ 流程错误　□ 备注错误

审核同意

4/180

［同意］　［驳回］　□ 直送到我

**图 5 - 23　共享中心初审通过**

此时该笔业务通过财务共享服务中心初审，流转至财务共享服务中心财务复审会计处进行复审，系统提示已顺利审批单据，如图 5 - 24 所示。

已经顺利审批单据LYF01-BX2012300004,1秒后将关闭页面!

**图 5 - 24　单据初审通过**

（2）共享服务中心财务复审。

共享服务中心财务复审会计何正登录财务共享中心后，在"基础数据平台"界面中单击［共享运营］，进入"共享运营"模块的"任务处理"界面，在任务栏中找到肖贵的收入报账单，如图 5 - 25 所示。

点击后进入单据信息的详细页面进行审核，该页面与财务初审会计沈明明看到的单据信息详细页面是相同的，此处不再赘述。同理，何正通过点击［最新预制凭证］可以查看该笔业务的会计凭证信息，如图 5 - 26 所示。

图 5 - 25　任务处理界面

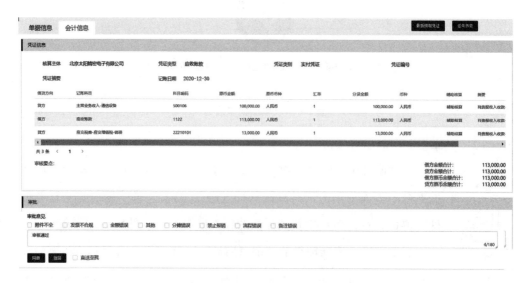

图 5 - 26　复审会计凭证

在对该笔报账的详细信息以及会计凭证进行复审之后，点击［同意］完成复审，如图 5 - 27 所示。

图 5 - 27　共享中心复审通过

### 5.3.2　收　款

**1. 确认收款**

（1）资金会计发起收款认领。

　　客户付款后，共享服务中心资金会计付佳悦登录财务共享中心，进入"认领平台"模块后，可以看到客户付款的流水，然后通知销售人员进行来款确认，如图 5 – 28 所示。

　　若认领平台中没有该笔流水的信息，则需要手工添加流水信息。在"认领平台"模块中点击［流水管理］—［收款流水］—［手工添加］，添加收款流水，如图 5 – 29 所示。填写完毕相关信息后点击［提交］，由销售人员进行确认。

**图 5 – 28　登录认领平台**

**图 5 – 29　手工添加流水信息**

（2）销售人员认领来款。

肖贵

　　在收到来款确认通知后，肖贵登录财务共享中心，进入"认领平台"模块，对该笔流水进行确认，如图 5 – 30 所示。

**图 5 – 30　业务人员登录认领平台**

　　肖贵点击该笔收款流水进入"流水详情"界面，核对该笔流水的详细信息后，填写"本次确认信息"栏中的相关信息，点击［流水确认］，如图 5 – 31 所示。

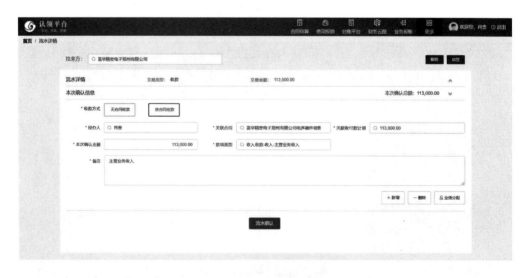

**图 5 – 31　流水确认**

（3）资金会计确认来款。

在肖贵确认来款后，共享服务中心资金会计付佳悦登录财务共享中心后进入"认领平台"模块，对该笔来款进行确认，如图 5 – 32 所示。

付佳悦点击该笔来款后进入"流水详情"界面，核对该笔流水的详细信息后，点击［流水认领］进行来款确认，如图 5 – 33 所示。

**图 5 – 32　登录认领平台**

**图 5 – 33　资金会计认领流水**

点击［流水认领］后，系统弹出"流水认领"界面来登记收入，填写相关信息后点击［下一步］，如图 5 – 34 所示。

然后系统跳转回"流水详情"界面，这时可以在"财务认领"处看到该笔单据的状态为"待业务审批"，如图 5 – 35 所示，同时，付佳悦点击该区域后，系统弹出"收款报账单"界面，从界面中的"审批流"处可以看到该笔业务已经进入共享服务中心财务审核流程，如图 5 – 36 所示。

图 5 – 34　登记收入

图 5 – 35　待业务审批

图 5 – 36　收款报账单界面

**2. 财务审核并生成收款凭证**

（1）共享服务中心财务初审并记账。

　　资金会计付佳悦认领收款流水、生成收款报账单之后，共享中心财务初审会计沈明明进行财务初审。沈明明登录财务共享中心后，在"基础数据平台"界面中单击［共享运营］，进入"共享运营"模块的"任务处理"界面，如图 5 - 37 所示。

**图 5 - 37　任务处理界面**

　　财务初审会计沈明明找到单据，点击后进入"单据信息"的详细页面进行审核，如图 5 - 38 所示。

**图 5 - 38　共享中心初审收入报账单单据信息**

　　沈明明在审核相关单据确认无误后，在显示被审核收入报账单详细单据信息的页面上方点击〔会计信息〕，进行会计凭证制单。系统会根据员工提交的收入报账单自动抽取相关信息并编制会计凭证，财务初审会计对系统自动制单的结果进行审核（如有错误，财务初审会计可对其补充或调整），点击〔最新预制凭证〕可以查看该笔业务的会计凭证信息，如图5-39所示。

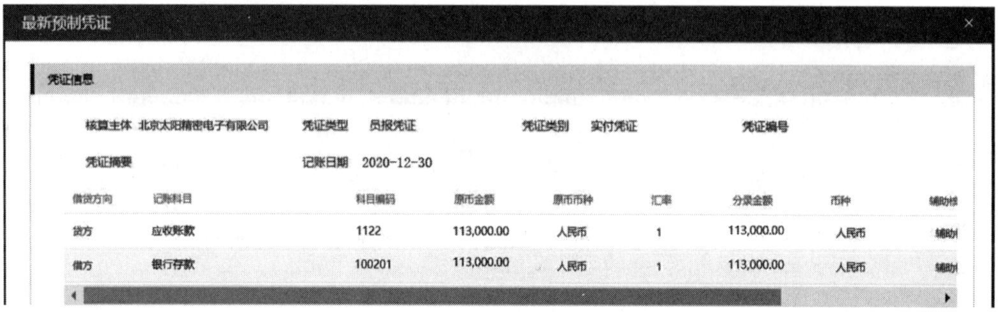

图5-39　会计凭证制单

　　确认会计凭证制单正确无误后，回到"会计信息"界面对该笔会计凭证制单进行审批，填写完审批意见后点击〔同意〕，如图5-40所示。

图5-40　共享中心初审通过

　　此时该笔业务通过财务共享服务中心初审，流转至财务共享服务中心财务复审会计处进行复审，系统提示已顺利审批单据，如图5-41所示。

已经顺利审批单据LYF01-BX2012300004,1秒后将关闭页面!

图5-41　单据初审通过

（2）共享服务中心财务复审。

共享服务中心财务复审会计何正登录财务共享中心后，在"基础数据平台"界面中单击［共享运营］，进入"共享运营"模块的"任务处理"界面，在任务栏中找到肖贵的收入报账单，如图 5 - 42 所示。

**图 5 - 42　任务处理界面**

点击后进入单据信息的详细页面进行审核，该页面与财务初审会计沈明明看到的单据信息详细页面是相同的，此处不再赘述。同理，何正通过点击［最新预制凭证］可以查看该笔业务的会计凭证信息，如图 5 - 43 所示。

| 凭证信息 | | | | | | | | |
|---|---|---|---|---|---|---|---|---|
| 核算主体 北京太阳精密电子有限公司 | | 凭证类型　员报凭证 | | 凭证类别　实付凭证 | | 凭证编号 | | |
| 凭证摘要 | | 记账日期　2020-12-30 | | | | | | |
| 借贷方向 | 记账科目 | 科目编码 | 原币金额 | 原币币种 | 汇率 | 分录金额 | 币种 | 辅助核 |
| 贷方 | 应收账款 | 1122 | 113,000.00 | 人民币 | 1 | 113,000.00 | 人民币 | 辅助 |
| 借方 | 银行存款 | 100201 | 113,000.00 | 人民币 | 1 | 113,000.00 | 人民币 | 辅助 |

**图 5 - 43　复审会计凭证**

在对该笔报账的详细信息以及会计凭证进行复审之后，点击［同意］完成复审，如图 5 - 44 所示。

**图 5-44 共享中心复审通过**

## 本 章 小 结

综合本章所述，销售与收款是企业重要的业务循环，是形成企业利润和现金流入的主要方面。企业利润形成的基础是营业收入，而款项的及时收回是企业资产安全的重要保证。一般制造业的主要收入来源是通过采购原材料并将其用于生产流程制造产品卖给客户取得收入；而贸易业的主要收入来源是作为零售商向消费者零售商品或者作为批发商向零售商供应商品。

销售与收款业务具有程序复杂，涉及的单据和记录繁多，工作量大且容易出错等特点。一般制造业的销售涉及的主要业务活动可能包括接受客户订单、批准赊销信用、编制发运凭证并发货、为客户开具发票、记录销售、办理和记录销售退回、销售折扣和折让等，涉及到的主要单据和会计记录可能包括客户订单、销售单、发运凭证、销售发票、记账凭证、汇款通知书、营业收入明细账、折扣折让明细账等；而收款涉及的主要业务活动可能包括办理和记录现金、银行存款收入、坏账核销等，涉及到的主要单据和会计记录可能包括收款凭证、应收账款明细账、库存现金和银行存款日记账、坏账审批表等。

销售与收款业务的业务数量大、重复率高以及企业对客户分类管理和对应收账款进行集中管理等特点，决定了销售和收款业务在集团范围内采用财务共享服务模式，比较容易体现财务共享服务价值。

财务共享服务中的销售与收款流程，可以根据企业的实际情况和内控要求进行设计和个性化配置。一笔销售与收款业务在财务共享服务中，可以包括销售和收款两个子流程。其中，销售包括销售合同录入和复核、开票申请和审批、收入报账和审批、财务审核并生成记账凭证四个步骤，收款包括确认收款、财务审核并生成收款凭证两个步骤，全部共六个步骤。全部销售与收款业务涉及销售部业务员、销售部经理、共享中心财务初审会计、共享中心财务复核会计、共享中心资金会计等角色。

**【相关词汇】**

销售合同（Sales Contract）

销售发票（Sales Invoice）

应收账款（Accounts Receivable）

银行存款（Cash in Bank）

收款凭证（Receipt Voucher）

**【小组讨论】**

分组讨论传统模式下为健全内控而设置的流程在共享服务模式下可以运用哪些流程再造手段进行自动化、简化甚至清除。

# Chapter 6 第6章 采购与付款共享

 **学习提要与目标**

本章首先介绍了企业采购与付款涉及的主要业务活动、单据和会计记录；然后，分析企业采购与付款业务具有哪些特点，是否适合采用财务共享服务模式；继而，分析财务共享服务中的采购与付款流程；最后，在此基础上，引入实例来具体演示财务共享服务中采购与付款的流程和各环节、各人员角色的业务操作。

通过本章的学习，应掌握：

- 企业采购与付款业务涉及的主要业务活动；
- 企业采购与付款业务涉及的主要单据和会计记录；
- 财务共享服务中的采购与付款流程；
- 财务共享服务中的采购与付款环节、各角色业务操作要点。

## 6.1 采购与付款业务的特点

企业的采购与付款循环包括购买商品和劳务，以及企业在经营活动中为获取收入而发生的直接或间接的支出。采购业务是企业生产经营活动的起点，不同企业的采购支出因企业性质的不同而有所区别。如一般制造业的采购支出包括生产过程所需要的原材料、易耗品、配件的购买支出等，而贸易业的采购支出包括产品的选择和购买、运输等支出。

采购与付款业务通常要经过请购—订货—验收—付款程序，不同企业根据其具体情况和内控要求不同，实际做法会有区别，但总体特点是程序复杂，涉及的单据和记录繁多，核对工作量大。以一般制造业为例，其采购涉及的主要业务活动（不同企业的具体活动名称和单据名称可能不同，下同）可能包括编制采购计划、维护供应商清单、请购商品或劳务、编制采购申请单、验收商品、确认和记录负债等，涉及的主要单据和会计记录可能包括采购计划、供应商清单、采购申请单、采购合同、验收单、卖方发票、转账凭证等；而付款涉及的主要业务活动可能包括办理付款和记录现金、银行存款支出等，涉及的主要单据和会计记录可能包括付款凭证、应付账款明细账、库存现金日记账和银行存款日记账等。

采购与付款业务的这些特点，加之其往往业务数量大、重复率高以及企业对采购和付款的内控要求高，决定了它与第 4 章所讲的费用报销业务一样，将其流程再造和标准化后在集团范围内采用财务共享服务模式实现，是目前财务共享服务中心建设优先采纳的实施路径，也是比较容易体现财务共享服务价值的地方。

## 6.2　采购与付款共享流程

如果说费用报销是从采购与付款业务中独立出去的一块业务，那么剩下的企业采购与付款业务实施财务共享服务模式，与费用报销业务实施财务共享服务模式，最突出的特点可能是在标准化业务流程之前要先进行全集团分公司、子公司的流程梳理和再造。如前所述，采购与付款业务涉及的各部门活动和单据、记录繁多。然而传统模式下为了健全内控而设置的这些流程在共享服务模式下是否可以运用流程再造手段进行自动化、简化甚至清除呢？这是实施财务共享服务模式时企业应该重点关注的问题。正如本书第 2 章 "2.1.2 流程再造基本思想" 一节给出的经典案例——福特汽车的业务流程再造中所描述的，大胆挑战旧原则和建立新原则的结果是令人惊奇的。

目前，对于一般制造业，财务共享服务中的采购与付款流程通常以采购申请为起点展开，如图 6 - 1 所示。当然，财务共享服务中的采购与付款流程，可以根据企业的实际情况和内控要求进行设计和个性化配置。例如，付款流程可以如图 6 - 2 所示经过财务审核后先记账（生成付款凭证）再付款，也可以由资金结算部门先付款再记账。

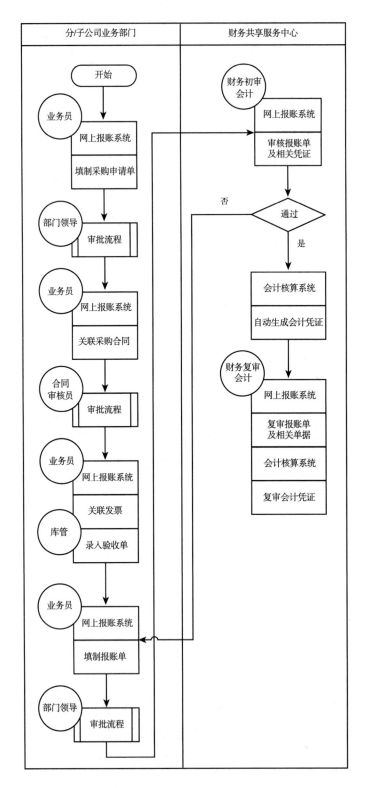

**图 6-1 采购共享流程**

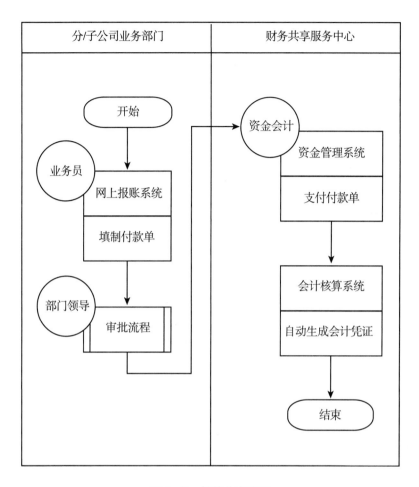

图 6-2  付款共享流程

## 6.3  采购与付款共享业务实例

本章我们以北京太阳精密电子有限公司（以下简称"北京太阳"）的采购和付款业务实例，来具体演示财务共享服务中采购与付款共享业务的流程和各环节、各角色操作要点。

【例】2020 年 12 月 29 日，北京太阳采购部业务员买易采购了一批原材料，需要在线进行采购费用的申请和付款，具体信息如表 6-1 和表 6-2 所示。

表 6 – 1　　　　　　　　　　　　　　　采购信息表

| 基础信息 | | | | | | |
|---|---|---|---|---|---|---|
| 签订公司 | 部门 | 签订人 | 合同类型 | 供应商名称 | 账户类型 | 币种 |
| 北京太阳精密电子有限公司 | 采购部 | 买易 | 物资采购合同 | 惠州盛音电声有限公司 | 生产材料 | 人民币 |

| 合同基本信息 | | | | |
|---|---|---|---|---|
| 序号 | 签订日期 | 合同名称 | 合同编号 | 交付日期 |
| 1 | 2020/12/29 | 惠州盛音电声有限公司 | CG202012207547 | 2020/12/31 |

| 合同明细 | | | | |
|---|---|---|---|---|
| 序号 | 货物名称 | 数量（件） | 含税单价（元） | 税率（%） | 含税金额（元） |
| 1 | Y3 型阻尼纸 | 1 000 | 9.04 | 13 | 9 040 |

| 凭证分录 | | | |
|---|---|---|---|
| 方向 | 会计科目 | 借方金额（元） | 贷方金额（元） |
| 借 | 原材料 | 8 000 | |
| | 应交税费——应交增值税（进项税） | 1 040 | |
| 贷 | 应付账款 | | 9 040 |

表 6 – 2　　　　　　　　　　　　　　　付款信息表

| 付款明细 | | | | |
|---|---|---|---|---|
| 付款单位 | 收款单位 | 银行到账日期 | 业务类型 | 金额（元） |
| 北京太阳精密电子有限公司 | 惠州盛音电声有限公司 | 2020/9/30 | 采购付款 | 9 040 |
| 摘要 | Y3 型阻尼纸采购货款 | | | |

| 支付明细 | | | |
|---|---|---|---|
| 序号 | 银行账号 | 银行账户户名 | 支付方式 |
| 1 | 6214850311797285 | 惠州盛音电声 – 招商银行惠州开发区支行 | 网银转账 |

| 凭证分录 | | | |
|---|---|---|---|
| 方向 | 会计科目 | 借方金额（元） | 贷方金额（元） |
| 借 | 应付账款 | 9 040 | |
| 贷 | 银行存款 | | 9 040 |

　　这一采购与付款业务在财务共享服务中，包括材料购进和付款两个子流程。其中，材料购进包括采购申请和审批、采购合同录入和复核、发票采集、验收入库、采购报账和审批、财务审核并生成记账凭证六个步骤，付款包括付款报账和审批、资金结算、财务审核并生成付款凭证三个步骤，全部共九个步骤。全部采购与付款业务涉及采购部业务员、采购部经理、物流部库管员、共享中心财务初审会计、共享中心财务复核会计、共享中心资金会计等角色，如表 6 – 3 所示。

表 6 - 3　　　　　　　　　　　采购与付款共享业务中涉及的角色

| 序号 | 姓名 | 部门 | 职位 | 角色描述 |
|---|---|---|---|---|
| 1 | 买易 | 采购部 | 采购部业务员 | 采购费用事前申请和事后报账 |
| 2 | 靳莱 | 采购部 | 采购部经理 | 对部门员工的采购费用申请和报账进行审批 |
| 3 | 管晓燕 | 物流部 | 库管员 | 负责采购物品的收、发工作及登记库存材料台账 |
| 4 | 沈明明 | 财务共享服务中心 | 财务初审会计 | 审核员工报账单及发票，生成会计凭证 |
| 5 | 何正 | 财务共享服务中心 | 财务复审会计 | 对员工报账单、发票及初审会计生成的会计凭证进行复审 |
| 6 | 付佳悦 | 财务共享服务中心 | 资金会计 | 对员工报账的费用进行支付 |

## 6.3.1　材料购进

### 1. 采购申请和审批

（1）业务员提交采购申请。

买易

2020 年 9 月 24 日，北京太阳采购部业务员买易使用电脑登录财务共享中心，在线提交原材料采购申请。

首先，买易使用电脑登录财务共享中心，登录界面如图 6 - 3 所示。

图 6 - 3　登录财务共享中心界面

进入"费用报销"模块后，点击［事项申请］，如图 6 - 4 所示。

进入"事项申请"界面后，选择［原材料］以进入材料采购的"事项申请单"填写，如图 6 - 5 所示。

图6-4 费用报销模块界面

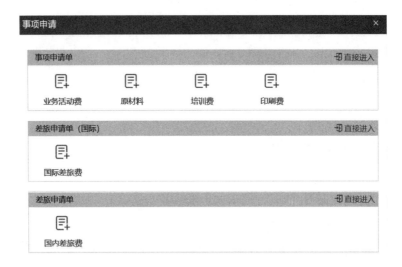

图6-5 事项申请入口

进入材料采购的"事项申请单"填写界面后，填写相关申请信息，如申请人、业务类型、金额和备注等。其中，备注栏中填写该笔申请事项的简要描述，如"买易申请采购 Y3 型阻尼纸"。填写完毕后，在附件区点击［上传附件］，上传采购计划等相关附件，最后点击［提交］，如图6-6所示。

图6-6 填写事项申请单

提交成功后，系统跳转至"已经顺利提交单据，等待审核"界面，如图 6 - 7
所示。

恭喜您！已经顺利提交单据LYF01-BX2012290008，请耐心等待审核

打印封面　　查看单据　　复制单据　　继续填单　　关闭

**图 6 - 7　单据提交成功**

最后，业务员还可以点击［查看单据］来查看自己提交的事项申请单。同时，
还可以在界面右侧的审批流中查看该笔申请的处理流程以及目前的状态，如图 6 - 8
所示。

**图 6 - 8　查看填写的单据**

（2）部门领导审批费用申请。

北京太阳采购部经理靳莱使用电脑登录财务共享中心，在线审批买易
的原材料采购申请。

首先，靳莱使用电脑登录财务共享中心，在"基础数据平台"界面中，单击
［费用报销］进入"费用报销"模块，在"待我审批"处可以看到买易的事项申请
单，如图 6 - 9 所示。

**图 6 - 9　部门领导选择需审批申请单**

然后，点击买易的事项申请单进入"事项申请单"界面，查看申请单的详细信息，进行审批，如图 6 - 10 所示。

**图 6 - 10　部门领导审批申请单详细信息**

最后，领导如果认为该申请没有问题，填写审批意见后点击［同意］，进入合同录入及审批流程；如果有问题，则点击［驳回］将申请单退回给业务员进行修改。

**2. 采购合同录入和复核**

（1）业务员录入采购合同。

买易使用电脑登录财务共享中心，在线录入采购合同。首先，进入"合同结算系统"模块，点击［合同录入］，以进入"新建合同"界面来录入采购合同，如图 6 - 11 所示。

**图 6 - 11 合同结算系统界面**

然后，填写"新建合同"中的相关信息，填写完毕后在合同附件区上传采购合同文本，最后点击［提交］，如图 6 - 12 所示。

**图 6 - 12 录入采购合同信息**

（2）部门领导复核采购合同。

合同的复核工作可由企业单独设置的合同复核人员（不同企业的岗位名称可能不同）进行，也可以由部门领导进行。本例中，北京太阳直接由采购部经理在系统中进行采购合同的复核。

采购部经理靳莱进入"合同结算系统"模块点击［合同结算］—［合同复核］，在"待审核"处审核买易的物资采购合同，复核完相关信息后点击［同意］通过复核。如图 6－13 和图 6－14 所示。

图 6－13　部门领导登录合同结算系统界面

图 6－14　部门领导审批采购合同

**3. 发票采集**

采购部业务员买易在取得供应商开出的该笔采购业务的发票后，登录财务共享中心，进入"费用报销"模块点击［费用报销］—［我的发票］进行发票录入，如图 6－15 所示。

如果供应商开出的是电子发票，需要业务员登录财务共享中心，在系统中上传电子发票，再进行后续的报账流程，如图 6－16 所示。

图 6 – 15　费用报销界面

图 6 – 16　发票采集界面

如果供应商开出的是纸质发票，可以手工录入发票信息。点击［手工发票录入］，系统会弹出"票据录入"界面，根据发票的信息填写相关信息并点击［提交］将发票信息上传至财务共享系统中，以便后续流程使用，如图 6 – 17 所示。

| | | | |
| --- | --- | --- | --- |
| 票据录入 | | | × |
| * 票据类型 | 增值税专用发票 | * 发票代码 | 123456789000 |
| * 发票号码 | 68740131 | * 开票日期 | 2020-12-29 |
| * 税前金额 | 8,000.00 | * 总金额 | 9,040.00 |
| * 税额 | 1,040.00 | | 关闭　提交 |

图 6 – 17　手工录入发票

### 4. 验收入库

管晓燕

　　北京太阳库管员管晓燕在买易采集完发票后，登录财务共享中心，进入"费用报销"模块，如图 6 - 18 所示。

图 6 - 18　库管员登录费用报销界面

　　点击［台账平台]—［新增］，系统会弹出"验收单台账"界面。填写该笔采购业务的相关信息，点击［提交］以录入验收单台账，如图 6 - 19 所示。

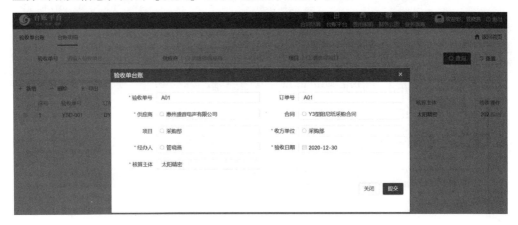

图 6 - 19　录入验收单台账

### 5. 采购报账和审批

（1）业务员提交报账单。

买易

　　采购部业务员买易使用电脑登录财务共享中心，在线填制采购报账单。

　　首先，进入"业务报账"模块，在页面上方点击［采购付款］，在"功能入口"栏点击［采购报账］进入"采购报账单"的填写界面，如图 6 - 20 所示。

图 6 - 20　采购报账入口

填写完报账单的基础信息后，在"验收单与发票"区点击［建立关联］来关联这笔采购业务的验收单及发票，如图 6 - 21 所示。

图 6 - 21　采购报账单填写界面

关联完这些单据后继续填写报账单的"支付明细"区，最后在"附件区"点击［上传附件］来上传采购入库单、货物发票和采购合同等报账所需单据，上传完成后点击［提交］，如图 6 - 22 所示。

图 6 - 22　上传相关附件

提交成功后系统跳转至"已经顺利提交单据，等待审核"界面，如图6-23所示。

恭喜您！已经顺利提交单据LYF01-BX2012290013，请耐心等待审核

打印封面　查看单据　复制单据　继续填单　关闭

**图6-23　提交成功**

（2）部门领导审批报账单。

采购部经理靳莱使用电脑登录财务共享中心，审批买易的采购报账单。

首先，靳莱使用电脑登录财务共享中心，在"基础数据平台"界面中单击［费用报销］进入"费用报销"模块，在"待我审批"处可以看到买易的采购报账单，如图6-24所示。

**图6-24　部门领导选择需审批报账单**

点击买易的采购报账单，进入"采购报账单"界面，查看报账单的详细信息，进行审批，如图6-25所示。领导审核报账单如果认为没有问题，填写审批意见后点击［同意］，进入共享中心的财务审核流程；如果有问题，则点击［驳回］将采

购报账单退回给业务员进行修改。

图 6 – 25　部门领导审批报账单详细信息

**6. 财务审核并生成记账凭证**

（1）财务共享服务中心财务初审并记账。

沈明明

　　采购部业务员买易的采购报账单经过采购部经理靳莱审批通过后，报账单流转至财务共享服务中心，由共享中心财务初审会计沈明明进行审核。沈明明登录财务共享中心后，在"基础数据平台"界面中单击［共享运营］进入"共享运营"模块的［任务处理］界面，如图 6 – 26 所示。

图 6 – 26　任务处理界面

　　财务初审会计沈明明找到买易的单据，点击后进入"单据信息"的详细页面进行审核，如图 6 – 27 所示。

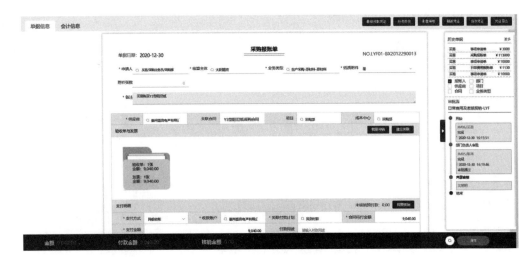

**图 6-27 共享中心初审报账单单据信息**

沈明明在审核相关单据确认无误后，在显示被审核报账单详细单据信息的页面上方点击 [会计信息]，进行会计凭证制单，如图 6-28 所示。

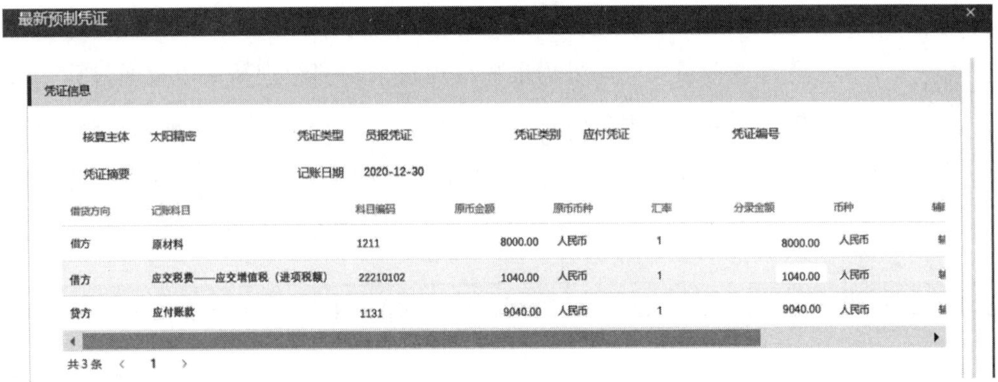

**图 6-28 会计凭证制单**

系统会根据员工提交的采购报账单自动抽取相关信息并编制会计凭证，财务初审会计对系统自动制单的结果进行审核（如有错误，财务初审会计可对其补充或调整），点击 [最新预制凭证] 可以查看该笔业务的会计凭证信息。确认会计凭证制单正确无误后，回到"会计信息"界面对该笔会计凭证制单进行审批，填写完审批意见后点击 [同意]，如图 6-29 所示。

此时该笔业务通过财务共享服务中心初审，流转至财务共享服务中心财务复审会计处进行复审，系统提示已顺利审批单据，如图 6-30 所示。

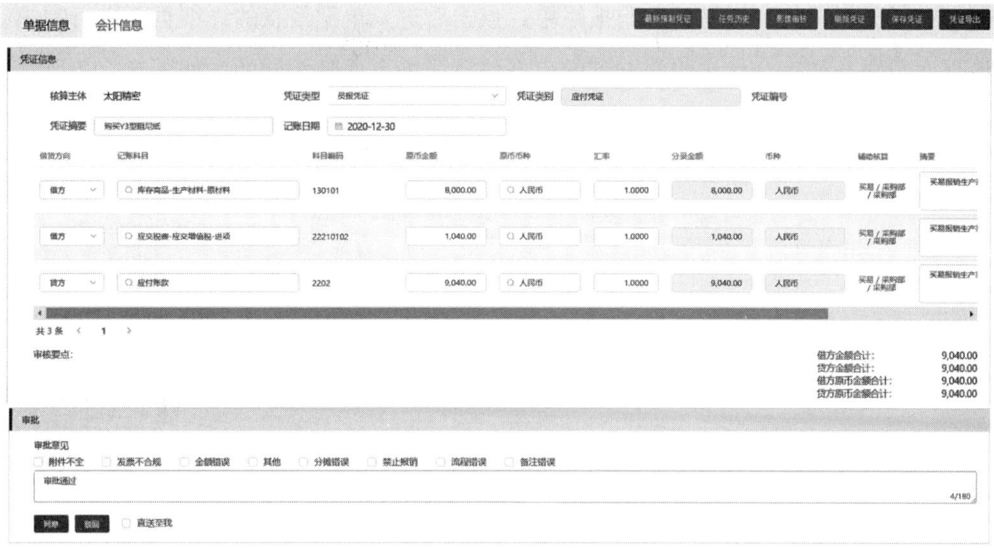

图 6-29　共享中心初审通过

已经顺利审批单据LYF01-BX2012290013，1秒后将关闭页面！

图 6-30　单据初审通过

（2）财务共享服务中心财务复审。

共享服务中心财务复审会计何正登录财务共享中心后，在"基础数据平台"界面中单击［共享运营］进入"共享运营"模块的"任务处理"界面，如图 6-31 所示。

图 6-31　任务处理界面

在任务栏中找到买易的采购报账单，点击后进入单据信息的详细页面进行审核，该页面与财务初审会计沈明明看到的单据信息详细页面是相同的，如图 6－32 所示，此处不再赘述。

单据信息
会计信息
最新预制凭证
任务历史
金额
付款金额
核销金额

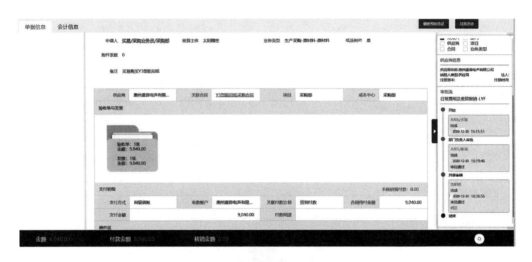

图 6－32　共享中心复审报账单单据信息

同理，何正通过点击［最新预制凭证］可以查看该笔业务的会计凭证信息，如图 6－33 所示。

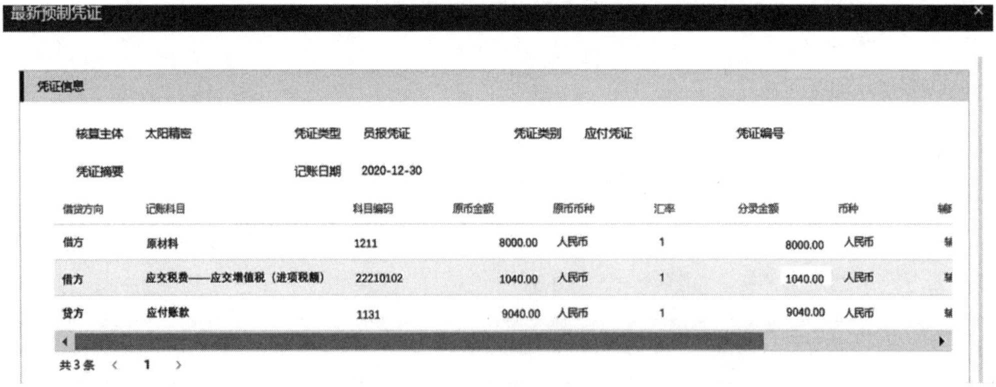

最新预制凭证
凭证信息
核算主体 太阳精密
凭证类型 员报凭证
凭证类别 应付凭证
凭证编号
凭证摘要
记账日期 2020-12-30
借贷方向 记账科目 科目编码 原币金额 原币币种 汇率 分录金额 币种
借方 原材料 1211 8000.00 人民币 1 8000.00 人民币
借方 应交税费——应交增值税（进项税额） 22210102 1040.00 人民币 1 1040.00 人民币
贷方 应付账款 1131 9040.00 人民币 1 9040.00 人民币
共 3 条 1

图 6－33　复审会计凭证

在对该笔报账的详细信息以及会计凭证进行复审之后，点击［同意］完成复审，如图 6－34 所示。

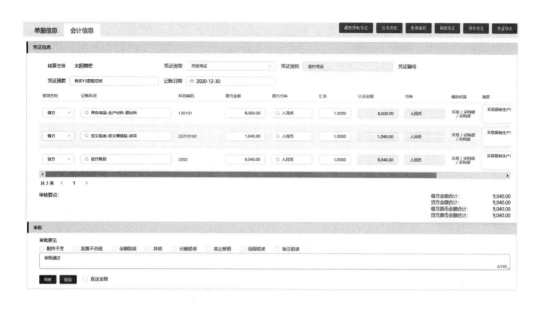

图 6-34　共享中心复审通过

## 6.3.2　付　款

**1. 付款报账和审批**

（1）业务员提交付款单。

北京太阳采购部业务员买易登录财务共享中心，进入"业务报账"模块，如图 6-35 所示。

图 6-35　进入业务报账界面

在页面上方点击［采购付款］，在"功能入口"栏点击［采购付款］，进入"采购付款单"的填写界面，如图 6-36 所示。

图 6 - 36　采购付款入口

在填写完付款单的基础信息后，在"请选择需核销的挂账款"处点击［＋］，系统弹出"挂账明细"界面。选择需要核销的账单后，点击［提交］，确定需核销的挂账款，如图 6 - 37 所示。

图 6 - 37　采购付款单填写界面

选择完信息后继续填写报账单的"支付明细"区，最后在"附件区"点击［上传附件］，上传采购入库单、货物发票和采购合同等采购付款报账所需要的单据，上传完成后点击［提交］，如图 6 - 38 所示。

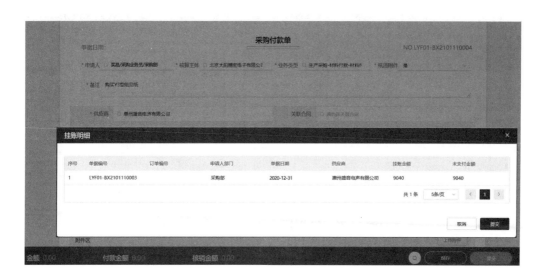

图 6 - 38　挂账明细界面

提交成功后系统跳转至"已经顺利提交单据,等待审核"界面,如图 6 - 39 所示。

恭喜您!已经顺利提交单据LYF01-BX2012290011,请耐心等待审核

图 6 - 39　提交成功界面

(2)部门领导审批付款单。

采购部经理靳莱登录财务共享中心,审批买易的采购付款单。

首先,登录财务共享中心,在"基础数据平台"界面中单击 [费用报销] 进入"费用报销"模块,在"待我审批"处可以看到买易的采购付款单,如图 6 - 40 所示。

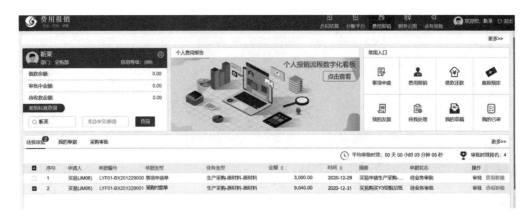

**图6-40　部门领导选择需审批的付款单**

点击买易的采购付款单进入"采购付款单"界面，查看付款单的详细信息，进行审批，如图6-41所示。领导审核采购付款单如果认为没有问题，填写审批意见后点击［同意］，进入共享中心的付款流程；如有问题，则点击［驳回］将采购付款单退回给业务员进行修改。

**图6-41　部门领导审批付款单详细信息**

## 2. 资金结算

部门领导审批采购付款单后，如果分公司、子公司保留了财务部门，由财务经理审批采购付款单；如果分公司、子公司的全部财务职能都已经转移到了财务共享服务中心，则由财务共享服务中心相关人员进行审批，如财务共享服务中心的专设人员或者资金会计，然后再进行资金结算。

　　共享服务中心资金会计付佳悦登录财务共享中心后，在"基础数据平台"界面中单击［共享运营］，进入"共享运营"模块的"支付中心"界面，如图 6-42 所示。支付中心有票据台账、线上支付、线下支付、支付失败、出纳审核、付款查询等功能，选择［线上支付］选项，在任务栏中找到买易的采购付款单。

**图 6-42　支付中心界面**

　　在核对完该笔业务的相关信息如业务类型、申请人、报账金额等，向左拖拽滚动条，在［操作］栏下可以看到有［确认支付］按钮和［查看详情］按钮，可以选择直接点击［确认支付］即完成对买易的采购付款单进行付款。也可以点击［查看详情］，系统弹出"网银支付确认"对话框后，查看"银行账号"和"付款时间"后点击［提交］进行付款，如图 6-43 和图 6-44 所示。

**图 6-43　支付详情界面**

图 6 - 44　网银支付确认界面

### 3. 生成付账凭证

共享服务中心资金支付会计付佳悦对这笔付款进行支付后，系统会自动生成付款凭证。在"共享运营"模块的"支付中心"界面中，在任务栏内可以找到买易的报账单，看到付款凭证已经生成，点击操作栏内的［查看详情］可以查看凭证的详细内容，如图 6 - 45 和图 6 - 46 所示。

图 6 - 45　付款凭证生成

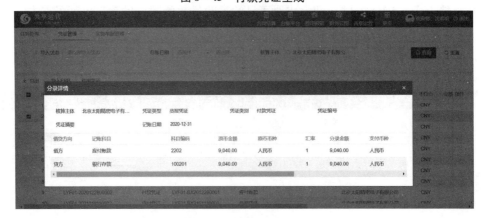

图 6 - 46　付款凭证详情

# 本章小结

综合本章所述，采购与付款循环包括购买商品和劳务，以及企业在经营活动中为获取收入而发生的直接或间接的支出。一般制造业的采购支出包括生产过程所需要的原材料、易耗品、配件的购买支出等，而贸易业的采购支出包括产品的选择和购买、运输等支出。

采购与付款业务具有程序复杂，涉及的单据和记录繁多，核对工作量大等特点。一般制造业的采购涉及的主要业务活动可能包括编制采购计划、维护供应商清单、请购商品或劳务、编制采购申请单、验收商品、确认和记录负债等，涉及的主要单据和会计记录可能包括采购计划、供应商清单、采购申请单、采购合同、验收单、卖方发票、转账凭证等；而付款涉及的主要业务活动可能包括办理付款和记录现金、银行存款支出等，涉及的主要单据和会计记录可能包括付款凭证、应付账款明细账、库存现金日记账和银行存款日记账等。

采购与付款业务的业务数量大、重复率高以及企业对采购和付款的内控要求高等特点，决定了采购与付款业务在集团范围内采用财务共享服务模式，比较容易体现财务共享服务价值。

财务共享服务中的采购与付款流程，可以根据企业的实际情况和内控要求进行设计和个性化配置。一笔采购与付款业务在财务共享服务中，可以包括材料购进和付款两个子流程。其中，材料购进包括采购申请和审批、采购合同录入和复核、发票采集、验收入库、采购报账和审批、财务审核并生成记账凭证六个步骤，付款包括付款报账和审批、资金结算、财务审核并生成付款凭证三个步骤，全部共九个步骤。全部采购与付款业务涉及采购部业务员、采购部经理、物流部库管员、共享中心财务初审会计、共享中心财务复核会计、共享中心资金会计等角色。

## 【相关词汇】

应付账款（Accounts Payable）

采购计划（Procurement Plan）

采购合同（Purchase Contract）

采购发票（Purchase Invoice）

入库单（Godown Entry）

付款凭证（Payment Voucher）

【小组讨论】

1. 分组讨论财务共享服务模式下的采购与付款流程还可以进行怎样的流程再造。

2. 如果付款流程不是在经过财务审核后先记账（生成付款凭证）再付款，而是由资金结算部门先付款再记账，则整个付款流程是怎样的？请各小组画出流程图。

# 第7章
## 薪酬共享

**Chapter 7**

## 学习提要与目标

本章首先介绍职工薪酬的概念和主要内容；然后，分析薪酬核算业务的特点，是否适合采用财务共享服务模式；继而，分析财务共享服务中的薪酬业务流程；最后，在此基础上，引入实例来具体演示财务共享服务中薪酬业务的流程和各环节、各人员角色的业务操作。

通过本章的学习，应掌握：

- 职工薪酬的概念和主要内容；
- 财务共享服务中的薪酬业务流程；
- 财务共享服务中的薪酬业务各环节、各角色业务操作要点。

## 7.1 薪酬业务的特点

薪酬指企业为获得职工提供的服务或解除劳动关系而给予各种形式的报酬或补偿，具体包括职工工资、奖金、津贴和补贴、职工福利费、医疗报销费、养老保险费、失业保险费、工伤保险费、生育保险费、住房公积金、工会经费、职工教育经费、非货币性福利以及因解除与职工的劳动关系给予的补偿等内容。

企业应当在职工为其提供服务的会计期间，计提职工薪酬，同时将应付的职工薪酬确认为负债（除非当月支付）。除因解除与职工的劳动关系给予的补偿外，应当根据职工提供服务的受益对象，分别进行处理。

（1）计入成本的职工薪酬支出。从事生产经营和劳务服务人员的薪酬部分，应计入产品成本或劳务成本。

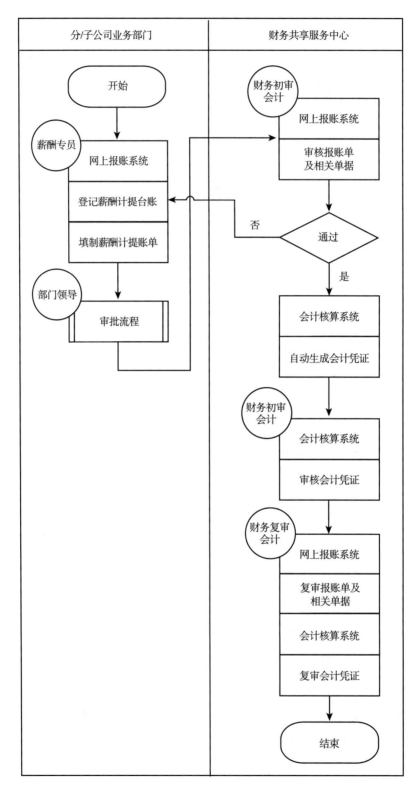

**图 7 - 1  薪酬计提共享流程**

（2）计入资产价值的职工薪酬支出。对于应由在建工程、无形资产负担的职工薪酬，应计入建造固定资产或无形资产成本。

（3）计入费用的职工薪酬支出。除了（1）和（2）两种情形的职工薪酬支出，确认为当期费用。

企业的人力资源职能本身就很适宜采用共享服务模式，很多知名企业集团已经建立起了成熟的人力资源共享服务中心。本章讨论的是财务共享服务模式下的薪酬核算共享，而薪酬核算业务数量大、重复率高等特点，决定了它较适宜采用财务共享服务模式来实现，以及比较容易体现出财务共享服务的价值。

## 7.2　薪酬共享流程

企业职工薪酬作为成本费用的一部分，不单单是一个财务问题。在共享服务模式下，企业总部的共享中心基于人力资源管理系统传递职工工资、社保、公积金、个人所得税等相关信息，通过财务共享服务中心统一核算职工薪酬后进行支付，包括薪酬计提和薪酬发放两个子流程，如图 7 - 1 和图 7 - 2 所示。当然，财务共享服务中的薪酬业务流程，可以根据企业的实际情况和内控要求进行设计和个性化配置。

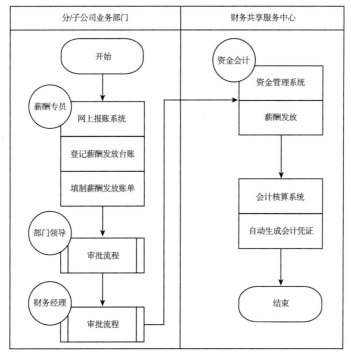

图 7 - 2　薪酬发放共享流程

## 7.3 薪酬共享业务实例

本章我们以北京太阳精密电子有限公司（以下简称"北京太阳"）的薪酬核算业务为实例，来具体演示财务共享服务中薪酬核算业务的流程和各环节、各角色操作要点。

【例】日昌集团实行月末计提本月职工薪酬，下月 15 日之前发放的薪酬计提和发放制度。北京太阳的人力资源部薪酬专员辛小颖于 2020 年 8 月 30 日进行公司 8 月份的薪酬计提报账工作，于 2020 年 9 月 10 进行薪酬发放报账工作，具体信息如表 7 – 1 所示。

表 7 – 1　　　　　　太阳公司 2020 年 8 月薪酬信息表　　　　　　单位：元

| 部门 | 应发工资 | 社保 | 公积金 | 个人所得税 | 实发工资 |
|---|---|---|---|---|---|
| 人力资源部 | 108 965.30 | 11 216.46 | 13 195.84 | 2 231.46 | 82 321.54 |
| 销售部 | 544 826.51 | 56 082.30 | 44 038.29 | 11 157.30 | 433 548.62 |
| 采购部 | 326 895.90 | 33 649.38 | 29 587.51 | 6 694.38 | 256 964.63 |
| 行政部 | 108 965.30 | 11 216.46 | 13 195.84 | 2 231.46 | 82 321.54 |
| 财务部 | 21 793.06 | 2 243.29 | 2 639.17 | 446.29 | 16 464.31 |
| 合计 | 1 111 446.07 | 114 407.89 | 102 656.65 | 22 760.89 | 871 620.64 |

| 凭证分录 | | | |
|---|---|---|---|
| 方向 | 会计科目 | 借方金额 | 贷方金额 |
| 借 | 销售费用 | 433 548.62 | |
| | 管理费用 | 438 072.02 | |
| 贷 | 应付职工薪酬 | | 871 620.64 |
| 借 | 应付职工薪酬 | 871 620.64 | |
| 贷 | 银行存款 | | 871 620.64 |

这一职工薪酬业务在财务共享服务中，包括薪酬计提和薪酬发放两个子流程。其中，薪酬计提包括在线登记薪酬台账、薪酬计提报账和审批、财务核算三个步骤，薪酬发放包括薪酬发放报账和审批、资金结算、生成付款凭证三个步骤，全部共六个步骤。全部薪酬业务涉及薪酬专员、人力资源部经理、共享中心财务初审会计、共享中心财务复核会计、共享中心资金会计等角色，如表 7 – 2 所示。

表 7 - 2 薪酬共享业务中涉及的角色

| 序号 | 姓名 | 部门 | 职位 | 角色描述 |
|---|---|---|---|---|
| 1 | 辛小颖 | 人力资源部 | 薪酬专员 | 填制薪酬台账及报账 |
| 2 | 任辉 | 人力资源部 | 人力资源部经理 | 对部门员工的报账进行审批 |
| 3 | 沈明明 | 财务共享服务中心 | 财务初审会计 | 审核员工报账单及相关单据，生成会计凭证 |
| 4 | 何正 | 财务共享服务中心 | 财务复审会计 | 对员工报账单、相关单据及初审会计生成的会计凭证进行复审 |
| 5 | 付佳悦 | 财务共享服务中心 | 资金支付会计 | 对员工报账的费用进行支付 |

## 7.3.1　薪酬计提

### 1. 在线登记薪酬台账

辛小颖

2020 年 8 月 30 日，北京太阳人力资源部薪酬专员辛小颖使用电脑登录财务共享中心，在线登记职工薪酬台账。

首先，辛小颖使用电脑登录财务共享中心，登录界面如图 7 - 3 所示。

图 7 - 3　登录财务共享中心界面

进入"台账平台"模块后，点击［薪酬台账］，如图 7 - 4 所示。

系统跳转至"新增薪酬台账"填写界面后，填写"新增薪酬台账"中的相关申请信息，如申请人、业务类型、期间和备注等。其中，期间栏中填写本次薪酬台账的所属期间，备注栏中填写本次事项的简要描述，如图 7 - 5 所示。

图 7-4　台账平台模块

图 7-5　新增薪酬台账界面

　　然后，点击［新增］，系统弹出"新增明细"的填写界面，添加新的薪酬台账。填写"新增明细"界面的相关信息，如核算主体、责任部门和工资计提等。其中，核算主体栏中填写"北京太阳精密电子有限公司"；责任部门栏中填写职工薪酬所属部门；工资计提栏中填写该部门的工资计提金额。本例中需要计提销售部、采购部、财务部、人力资源部和行政部五个部门的职工薪酬，因此需要新增五条薪酬台账，填写完毕后点击［确认］，如图 7-6 所示。

　　在新增完四个部门的薪酬台账明细后，点击［保存]—[提交］，如图 7-7 所示。

　　台账提交后，系统自动跳转至"查看薪酬台账"界面，如图 7-8 所示。

图 7-6　新增薪酬台账

图 7-7　提交新增薪酬台账

图 7-8　查看新增薪酬台账

### 2. 薪酬计提报账和审批

（1）薪酬专员在线提交报账单。

人力资源部薪酬专员辛小颖使用电脑登录财务共享中心，在线填制工资报账单。

首先，辛小颖进入"业务报账"模块，在页面上方点击［薪酬报账］，在"功能入口"栏点击［工资报账单］进入"工资报账单"的填写界面，如图7-9所示。

图7-9 薪酬报账入口

填写完报账单的基础信息后，在"附件区"点击［上传附件］上传8月工资明细表，上传完成后点击［提交］，如图7-10所示。

图7-10 工资报账单申请

提交成功后，系统跳转至"已经顺利提交单据，等待审核"界面，如图7-11所示。

恭喜您！已经顺利提交单据LYF01-BX2101040004，请耐心等待审核

［打印封面］ ［查看单据］ ［复制单据］ ［继续填单］ ［关闭］

图7-11 提交成功

（2）部门领导审批报账单。

北京太阳人力资源部经理任辉使用电脑登录财务共享中心，在线审批辛小颖的薪酬报账单。

首先，任辉使用电脑登录财务共享中心，在"基础数据平台"界面中单击［费用报销］进入"费用报销"模块，在"待我审批"处可以看到辛小颖的薪酬报账单，如图 7 – 12 所示。

**图 7 – 12　部门领导选择需审批报账单**

点击辛小颖的薪酬报账单进入"薪酬报账单"界面，查看报账单的详细信息，进行审批，如图 7 – 13 所示。领导审核报账单如果认为没有问题，填写审批意见后点击［同意］，进入共享中心的财务审核流程；如果有问题，则点击［驳回］将工资报账单退回给薪酬专员进行修改。

**图 7 – 13　部门领导审批报账单详细信息**

**3. 财务核算**

（1）财务共享服务中心财务初审并记账。

人力资源部薪酬专员辛小颖的薪酬报账单经过人力资源部经理任辉审批通过后，报账单流转至财务共享服务中心，由共享中心财务初审会计沈明明进行财务初审。沈明明登录财务共享中心后，在"基础数据平台"界面中单击［共享运营］进入"共享运营"模块的"任务处理"界面，如图 7 – 14 所示。

**图 7 – 14　任务处理界面**

沈明明找到辛小颖的单据，点击后进入"单据信息"的详细页面进行审核，如图 7 – 15 所示。

**图 7 – 15　共享中心初审报账单单据信息**

沈明明在审核工资明细表后，在显示被审核报账单详细单据信息的页面上方点击［会计信息］，进行会计凭证制单，如图 7 - 16 所示。

**图 7 - 16　会计凭证制单**

系统会根据工资报账单自动抽取相关信息并编制会计凭证，财务初审会计对系统自动制单的结果进行审核（如有错误，财务初审会计可对其补充或调整），点击［最新预制凭证］可以查看该笔业务的会计凭证信息。确认会计凭证制单正确无误后回到"会计信息"界面对该笔会计凭证制单进行审批，填写完审批意见后点击［同意］，如图 7 - 17 所示。

**图 7 - 17　共享中心初审通过**

此时该笔业务通过财务共享服务中心初审，流转至财务共享服务中心财务复审会计处进行复审，系统提示已顺利审批单据，如图 7 - 18 所示。

已经顺利审批单据LYF01-BX2101040004,2秒后将关闭页面！

**图7-18　单据初审通过**

（2）财务共享服务中心财务复审。

共享服务中心财务复审会计何正登录财务共享中心后，在"基础数据平台"界面中单击［共享运营］进入"共享运营"模块的"任务处理"界面，在任务栏中找到辛小颖的工资报账单，如图7-19所示，点击后进入单据信息的详细页面进行审核，该页面与财务初审会计沈明明看到的单据信息详细页面是相同的，此处不再赘述。

**图7-19　任务处理界面**

同理，何正通过点击［最新预制凭证］可以查看该笔业务的会计凭证信息。在对该笔报账的详细信息以及会计凭证进行复审之后，点击［同意］完成复审，如图7-20和图7-21所示。

**图7-20　复审会计凭证**

图 7 - 21　共享中心复审通过

## 7.3.2　薪酬发放

### 1. 薪酬发放报账和审批

（1）薪酬专员登记薪酬发放台账。

2020 年 9 月 10 日，北京太阳人力资源部薪酬专员辛小颖使用电脑登录财务共享中心，新增职工薪酬发放台账。

首先，辛小颖使用电脑登录财务共享中心，进入"业务报账"模块后，点击［薪酬台账］，来新增工资发放的台账，如图 7 - 22 所示。

图 7 - 22　薪酬台账入口

系统跳转至"新增薪酬台账"填写界面后，填写"新增薪酬台账"中的相关申请信息，如申请人、业务类型、期间和备注等。其中，期间栏中填写本次薪酬台账的所属期间；业务栏中选择"工资发放"；备注栏中填写本次事项的简要描述，如图 7 - 23 所示。

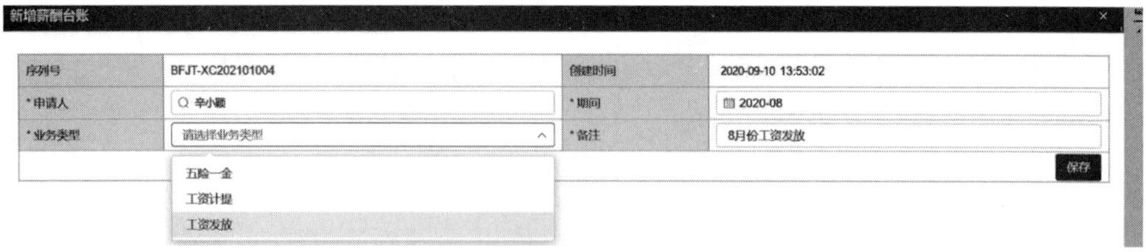

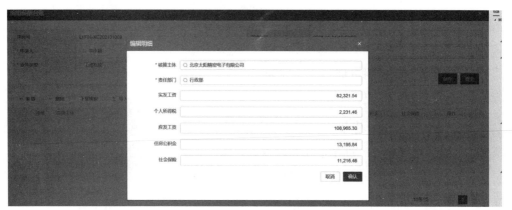

图 7－23　新增薪酬台账

然后，点击［新增］，系统弹出“新增明细”的填写界面，添加新的薪酬台账。填写“新增明细”界面的相关信息，如核算主体、责任部门和工资的相关信息等。其中，核算主体栏中填写“北京太阳精密电子有限公司”；责任部门栏中填写职工薪酬所属部门；工资计提栏中填写该部门的工资计提金额。本例中需要计提销售部、采购部、研发部和综合管理部四个部门的职工薪酬，因此需要新增四条薪酬台账，填写完毕后点击［确认］，如图 7－24 所示。

图 7－24　新增部门薪酬明细

在新增完个部门的薪酬台账明细后，点击［保存］—［提交］，如图 7－25 所示。

| 序号 | 核算主体 | 责任部门 | 实发工资 | 个人所得税 | 应发工资 | 住房公积金 | 社会保险 | 操作 |
|---|---|---|---|---|---|---|---|---|
| 1 | 北京太阳精密电子有限公司 | 行政部 | 82,321.54 | 2,231.46 | 108,965.30 | 13,195.84 | 11,216.46 | 编辑 |
| 2 | 北京太阳精密电子有限公司 | 财务部 | 16,464.31 | 446.29 | 21,793.06 | 2,639.17 | 2,243.29 | 编辑 |
| 3 | 北京太阳精密电子有限公司 | 销售部 | 433,548.62 | 11,157.30 | 544,826.51 | 44,038.29 | 56,082.30 | 编辑 |
| 4 | 北京太阳精密电子有限公司 | 采购部 | 256,964.63 | 6,694.38 | 326,895.90 | 29,587.51 | 33,649.38 | 编辑 |
| 5 | 北京太阳精密电子有限公司 | 人力资源部 | 82,321.54 | 2,231.46 | 108,965.30 | 13,195.84 | 11,216.46 | 编辑 |

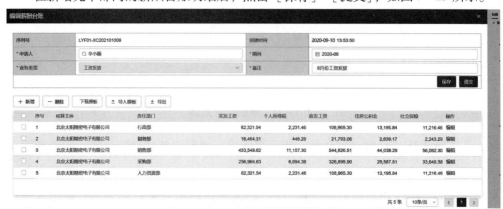

图 7－25　新增完毕薪酬台账界面

点击［提交］后系统弹出提示信息，点击［确定］完成提交，如图 7－26 所示。

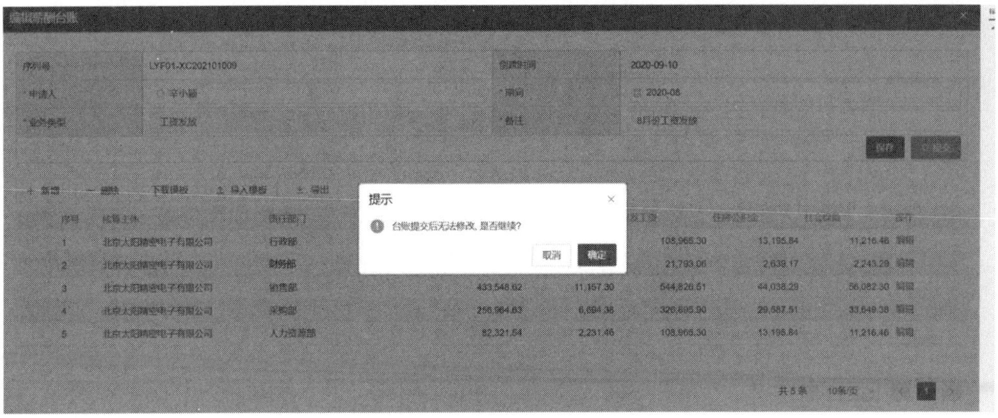

图 7－26　完成提交

（2）薪酬专员填制薪酬发放报账单。

首先，辛小颖进入"业务报账"模块，在页面上方点击［薪酬报账］，在"功能入口"栏点击［工资报账单］如图 7－27 所示，进入"工资报账单"的填写界面。

图 7－27　薪酬报账入口

填写报账单的基础信息如"申请人""业务类型""核算主体"等，在"业务类型"处选择工资发放。如图 7－28 所示。

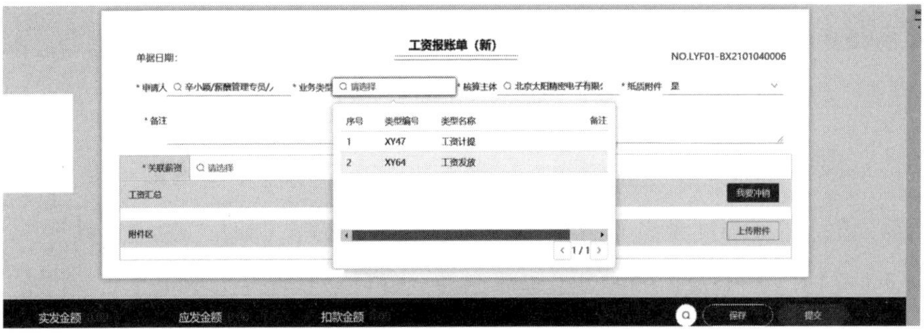

图 7－28　工资报账单申请

在"关联薪资"处关联之前新增的工资发放台账，如图7-29所示。同时在工资汇总栏中点击［我要冲销］。

**图7-29　关联薪资**

点击［我要冲销］后，系统弹出"冲销明细"界面。选中薪酬计提时提交的"8月份工资计提"选项，冲销8月工资计提，然后点击［提交］，如图7-30所示。

**图7-30　冲销薪酬计提明细**

选择完毕后系统会把之前提交的薪酬计提信息自动同步至当前工资报账单中，如需修改信息则点击页面右下方的［操作］进行修改，同时，在"附件区"点击［上传附件］来上传修改后的8月工资明细表，填写完毕后点击［提交］，如图7-31所示。

**图 7 – 31　工资报账单界面**

（3）部门领导审批报账单。

北京太阳人力资源部经理任辉使用电脑登录财务共享中心，在线审批辛小颖的工资报账单。

首先，任辉使用电脑登录财务共享中心，在"基础数据平台"界面中单击［费用报销］进入"费用报销"模块，在"待我审批"处可以看到辛小颖的工资报账单，如图 7 – 32 所示。

**图 7 – 32　部门领导选择需审批报账单**

点击辛小颖的工资报账单进入"薪酬报账单"界面，查看报账单的详细信息，进行审批，如图 7 – 33 所示。领导审核报账单如果认为没有问题，填写审批意见后点击［同意］，进入共享中心的财务审核流程；如果有问题，则点击［驳回］将工资报账单退回给薪酬专员进行修改。

**图7-33 部门领导审批报账单详细信息**

### 2. 资金结算

人力资源部经理审批报账单后，如果分公司、子公司保留了财务部门，由财务经理审批；如果分公司、子公司的全部财务职能都已经转移到了财务共享服务中心，则由财务共享服务中心相关人员进行审批，如财务共享服务中心的专设人员或者资金会计，然后再进行资金结算。

共享服务中心资金支付会计付佳悦登录财务共享中心后，在"基础数据平台"界面中单击[共享运营]进入"共享运营"模块的"支付中心"界面，如图7-34所示。支付中心有票据台账、线上支付、线下支付、支付失败、出纳审核、付款查询等功能，选择[线上支付]选项，在任务栏

**图7-34 支付中心界面**

中找到辛小颖的工资付款单。在核对完该笔业务的相关信息如业务类型、申请人、报账金额等，向左拖拽滚动条，在［操作］栏下可以看到有［确认支付］按钮和［查看详情］按钮，点击［确认支付］即完成对辛小颖的工资付款单进行付款。

**3. 生成付款凭证**

共享服务中心资金会计付佳悦进行了这笔薪酬支付后，系统会自动生成付款凭证。在"共享运营"模块的"支付中心"界面中，在任务栏内可以辛小颖的工资报账单，看到付款凭证已经生成，点击操作栏内的［查看详情］可以查看凭证的详细内容，如图 7-35 和图 7-36 所示。

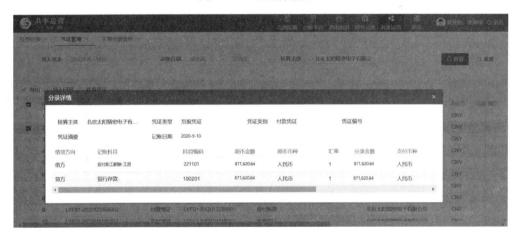

**图 7-35　生成付款凭证**

**图 7-36　付款凭证详情**

## 本章小结

综合本章所述，薪酬指企业为获得职工提供的服务或解除劳动关系而给予各种形式的报酬或补偿，具体包括职工工资、奖金、津贴和补贴、职工福利费、医疗报销费、养老保险费、失业保险费、工伤保险费、生育保险费、住房公积金、工会经费、职工教育经费、非货币性福利以及因解除与职工的劳动关系给予的补偿等内容。

　　企业应当在职工为其提供服务的会计期间，根据职工提供服务的受益对象计提职工薪酬。（1）计入成本的职工薪酬支出。从事生产经营和劳务服务人员的薪酬部分，应计入产品成本或劳务成本。（2）计入资产价值的职工薪酬支出。对于应由在建工程、无形资产负担的职工薪酬，应计入建造固定资产或无形资产成本。（3）计入费用的职工薪酬支出。除了（1）和（2）两种情形的职工薪酬支出，确认为当期费用。

　　薪酬核算业务具有数量大、重复率高等特点，这决定了它较适宜采用财务共享服务模式来实现，比较容易体现出财务共享服务的价值。

　　财务共享服务中的薪酬业务流程，可以根据企业的实际情况和内控要求进行设计和个性化配置。如果企业当月月末计提薪酬、下月进行薪酬发放，则薪酬业务在财务共享服务中，可以包括薪酬计提和薪酬发放两个子流程。其中，薪酬计提包括在线登记薪酬台账、薪酬计提报账和审批、财务核算三个步骤，薪酬发放包括薪酬发放报账和审批、资金结算、生成付款凭证三个步骤，全部共六个步骤。全部薪酬业务涉及薪酬专员、人力资源部经理、共享中心财务初审会计、共享中心财务复核会计、共享中心资金会计等角色。

　　**【相关词汇】**

　　职工薪酬（Staff Salaries）

　　社会保险（Social Insurance）

　　个人所得税（Individual Income Tax）

　　住房公积金（Housing Provident Fund）

**【小组讨论】**

分组讨论人力资源还有哪些模块可以应用共享服务模式。

# 第8章
# Chapter 8  财务共享服务中的预算控制

 学习提要与目标

本章首先介绍了预算的概念和主要内容；接着介绍预算具有哪些基本职能以及预算能为企业带来哪些价值；在此基础上，介绍传统模式下预算控制存在哪些问题和改进方法；最后，引入实例来具体演示财务共享服务中预算控制的设置操作。

通过本章的学习，应掌握：

- 预算的概念和主要内容；
- 预算的基本职能；
- 预算的价值；
- 传统预算控制的问题与改进；
- 财务共享服务模式下预算控制的设置操作。

## 8.1　预算控制与财务共享

### 8.1.1　预算的概念

预算是指企业对在一定的时期（通常为一年或者一个既定期间）内如何取得和调配经营与财务等方面的相关资源所做的一系列具体计划。预算是企业基于对内外部环境的分析，以战略目标为导向，在对企业未来的运营进行预测的基础上做出的价值形式的反映，是计划的数字化、表格化和明细化的表达。

预算按照其涉及的业务活动领域划分，包括营业预算（如销售预算、采购预算、生产预算、产品成本预算、费用预算等）、投资预算（如资本预算）和财务预算（如资产负债表预算、利润表预算、现金预算等），因此预算的编制与执行涉及企业及其所有下属单位经营与财务的方方面面。

### 8.1.2　预算的基本职能

预算具有两个基本职能：计划和控制。预算的编制作为计划职能的一部分，通过将目标层层分解，落实各单位、部门、小组乃至个人的具体责任，从而成为预算控制的重要依据。而预算控制，正是以设定好的、层层分解的预算目标为标准，对预算主体的活动进行监督和评价，以保证他们按计划进行并纠正各种重要偏差的过程。

正是因为预算具有这样的职能特点，预算能为企业带来重要的管理价值，包括为企业战略实现提供保障和支持，确保企业当期经营目标能够达成，以及有利于强化内部控制、降低经营风险等。预算管理是管理会计的核心管理活动，是现代企业管理框架中的重要组成部分，世界500强企业无一例外地把预算作为管理控制的工具，预算控制也是管理控制中应用最广泛的一种控制方法。

### 8.1.3　预算控制存在的问题和改进

预算作为重要的管理会计工具，在多年来被广泛应用的同时，也出现了一些质疑和问题。其中，有预算编制方面的问题，如编制质量不高、效率低下、预算松弛等；还包括预算执行方面的问题，最突出的问题是预算控制难以落实。

出现这些问题的原因是多方面的，其中一个重要因素是在传统模式下预算难以真正发挥其职能并为企业带来应有的管理价值。而在财务共享服务模式下，由于共享服务中心成为企业的数据处理中心不但能为高质量的预算编制提供保障，更为关键的是，预算控制落地问题能够得到明显改进。主要体现在以下两方面。

第一，财务共享服务模式下，基于预算的事前控制和事中控制得以实现。传统模式下由于财务与业务、核算与预算众多系统之间"信息孤岛"的存在，预算数据只存在于预算系统中，只被预算部门掌握，预算控制无法进行或者只能实施事后控制。财务共享服务模式下，财务核算数据来自网上报账系统，网上报账系统可以直接从业务系统采集数据或者由业务人员提供数据，也就是实现了业财一体化。同时，预算系统与业务系统、报账系统和资金管理系统等也是融合的，或者说，预算的一部分流程被嵌入业务系统、报账系统、资金系统，从而保证预算控制可以在业务活动发生之前或者在业务活动过程之中（资金结算完成之前）得到实施。例如，在财务共享服务模式下，采购业务发生之前或者员工出差活动之前，需要相关人员在系统中提交采购申请或者费用申请，受到相关预算限额控制，如果申请金额超预算则直接被驳回，就实现了事前控制；而实际采购时或者员工出差后报销时，对于已申请项目，实际付款或报销受申请金额限制，对于未申请直接发生的项目，实际付款或报销受预算限额控制，如果超预算则无法付款或者报销，就实现了事中控制。其他管理费用或者销售费用的发生也是一样的道理。

第二，财务共享服务模式下，集团可以基于共享服务中心俯瞰各分公司、子公司预算执行过程。传统模式下，各分公司、子公司独立经营、各自核算，数据标准不统一，各自负责自己的预算，集团预算管理部门很难真正了解他们的预算执行过程。而这会影响集团对各单位的预算考核和评价，也会影响集团层面总体预算方案的制订，更不用说对各单位预算执行进一步的要求和管控。财务共享服务模式下，具有强大数据处理功能的财务共享服务中心在所有单位数据标准化的基础上，还实现了预算流程的标准化和定制化，且预算控制流程嵌入共享服务中心系统中，这样就为集团整体把控各单位预算执行过程提供了可能，集团预算管理部门能够更加明晰、动态地掌握各单位在预算执行过程中出现的各种情况和问题，从而使得集团对各分公司、子公司预算执行情况的评价和考核更为公平、合理，也能为集团总体预算方案的科学制订提供依据，为集团对各单位预算执行提出具体要求和管控提供基础。

## 8.2　财务共享服务中的预算控制实例

财务共享服务中的预算控制操作，通常包括基础配置、设置预算模板、导入和复核预算模板以及预算控制节点设置等。本章我们以北京太阳精密电子有限公司的预算控制操作为例，具体演示财务共享服务中的预算控制。

### 8.2.1　基础配置

预算管理系统的基础配置内容分为预算配置、预算维度、组定义、控制策略和系统编码等。其中，系统编码是 IT 运维人员针对系统的维护操作，这里不做介绍。

### 1. 预算配置

　　财务共享服务中心预算专员于洋使用电脑登录财务共享中心，如图 8 - 1 所示。

**图 8 - 1　登录财务共享中心界面**

　　进入"预算系统"界面后点击［预算配置］按钮，这时可以看到预算系统中已经有之前发布好的预算模板，于洋可以根据不同的需求选择不同的模板，如图 8 - 2 所示。如果没有合适的预算模板，则需要于洋手动添加预算模板。预算模板是预算导入、预算调整、预算控制、预算执行以及预算查询的载体依据，主要解决预算维度组在什么样的预算期间内、采用什么样的规则进行控制的问题，预算模板完成后首先需要进行发布才能被后续使用。

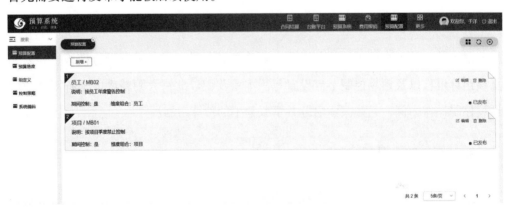

**图 8 - 2　预算系统模块**

### 2. 预算维度

点击［预算维度］按钮，可以看到"预算维度"界面的相关内容，如维度编码、维度名称、维度类型、状态和操作等。预算维度是指预算管理针对的对象范围，预算专员可以从多个维度来设置预算进行管理，如按照部门、项目、预算科目、核算和员工等不同维度来自定义预算管理的对象，如图 8 – 3 所示。其中，可以看到预算科目是自定义维度，而其他的维度是系统预设维度。

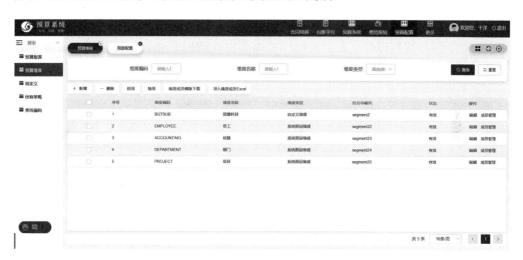

**图 8 – 3  预算维度界面**

预算专员可以通过点击［新增］来添加自定义维度，如图 8 – 4 所示。其中，维度类型、维度名称（中）即维度名称的中文名字、后台存储列和维度编码为预算专员必须需要填写的项目；维度名称（En）即维度名称的英文名字为选填项。后台

**图 8 – 4  添加自定义维度**

存储列为该条新增预算维度在系统后台存储的位置信息，维度编码为该条新增预算维度所对应的编码，预算专员按照要求进行填写。同时，预算系统也支持通过"导入维度成员 Excel"的方式添加预算维度。维度成员 Excel 表需要从"维度成员模板下载"处下载专门的模板才可成功导入系统。

新增预算维度后，还可以对其对象范围进行更进一步的设置。以预算科目为例，在操作栏中点击［成员管理］进入"成员管理"界面，可以看到预算科目维度中包含的科目种类。在科目种类的上面有［新增］［删除］［启用］［禁用］四个按钮，可以对单个科目进行设置，同时在操作栏中点击［编辑］也可以对科目进行更多的设置，如图 8－5 所示。

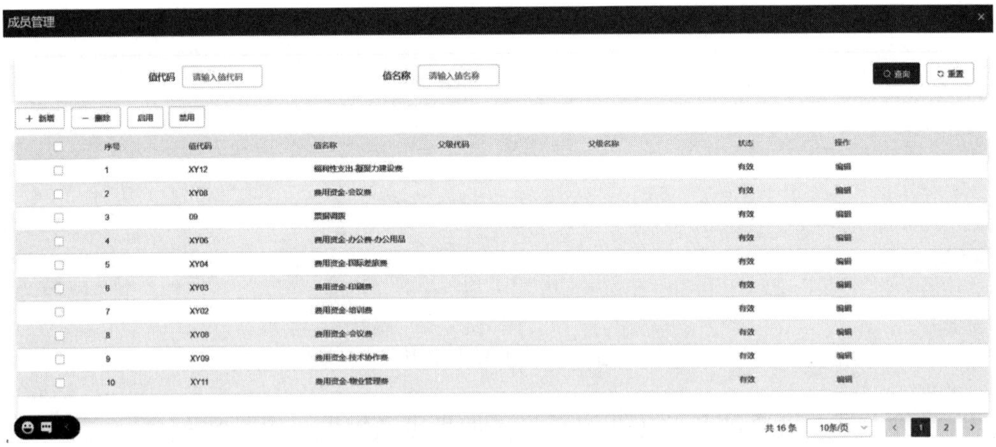

图 8－5　成员管理界面

### 3. 组定义

点击［组定义］按钮，进入"组定义"界面的相关内容，如组编码、组名称、组类型、状态、和组成员分配等。组定义是预算维度下的具体分组设置，如"部门"维度下可分"管理部门"组、"事业部门"组，又如"成本中心"维度下可分"深圳组""广州组"等，如图 8－6 所示。

预算专员可以通过点击［新增］来添加组定义，如图 8－7 所示。其中组编码、组名称、组类型、状态为预算专员必须需要填写的项目，描述为选填项。预算专员按照要求进行填写后点击［提交］，即可新增组定义。同时，预算系统也支持通过"导入组定义 Excel""导入组成员明细 Excel"的方式添加预算维度，组定义 Excel 表和组成员明细 Excel 表需要下载专门的模板才可成功导入系统。

图 8 - 6　组定义界面

图 8 - 7　新增组定义

新增组定义后可以在"组成员分配"栏中点击［组成员分配］，对该组成员的删除和添加进行设置，如图 8 - 8 所示。

图 8 - 8　组定义成员管理

#### 4. 控制策略

点击"预算系统"界面左侧菜单栏中［控制策略］按钮进行设置。预算控制策略可以设置为"警告""禁止""通过"三种。其中，"警告"可分为年度警告、季度警告、月度警告和年度至今警告等；"禁止"可分为年度禁止、季度禁止、月度禁止、年度至今禁止、季度至今禁止和无期间禁止等。还可以点击［编辑］按钮设置控制策略的具体有效期，如图8-9所示。

图8-9　控制策略管理界面

### 8.2.2　设置预算模板

财务共享服务中心预算专员于洋点击［预算配置］模块进入"预算配置"界面，点击［新增］来添加新的预算模板。首先，需要设置预算模板基本信息。其中，模板编码、模板名称（中）、是否按期间控制和说明（中）即中文说明，为必填项；模板名称（En）、说明（En）需要填写英文内容，为选填项。填写完毕后点击［下一步］来设置期间方案，如图8-10所示。

进入"设置期间方案"界面后，可以看到系统内已经保存了之前设置好的期间方案，包括年度期间、季度期间和月度期间，且每个期间方案下面都有相应的方案说明，于洋可以根据需求来选择。如果这些方案都无法满足业务需求，还可以点击期间方案最左侧的"＋"来新增自定义的期间方案，如图8-11所示。选择完毕后点击［下一步］进入预算维度组合的选择界面。

图 8 - 10　预算模板基本信息填写界面

图 8 - 11　预算模板期间方案设置界面

进入"选择预算维度组合"界面后，点击［分配维度］，系统弹出预算维度的选择界面，于洋根据管理需求选择相应的预算维度组合，然后点击［提交］，如图 8 - 12 所示。这些预算维度组合由预算维度和组定义组合生成，预算专员可以在设置预算模板之前先行设置自定义的预算维度和组定义，再设置预算模板时就可以看到自定义的预算维度和组定义。

于洋按照"部门和预算科目"的组合选择提交后，页面跳转至"预算维度组合"详情页面。页面显示该组合的维度编码、维度名称、维度类型、后台存储列和操作。于洋可以在"操作"中对组合进行调整，并点击［下一步］，如图 8 - 13所示。

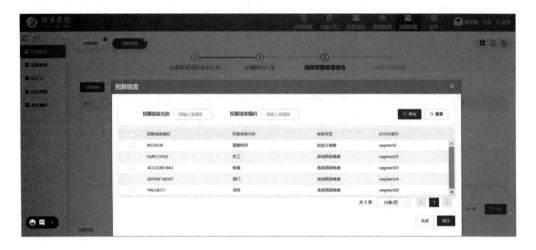

图8-12　预算模板维度设置界面

图8-13　预算模板维度组合界面

最后，进入"选择控制策略"界面。于洋点击［新增］按钮，系统会弹出"控制规则"的设置页面，包括规则编码、规则名称、控制策略、优先级和有效期。其中，控制策略可以选择"警告""禁止"或"通过"策略。填写完毕后点击［提交］，如图8-14所示。

提交"控制规则"后，系统会根据预算维度组合的内容自动弹出"规则明细"的设置页面。本例中，于洋选择的是"部门"和"预算科目"的维度组合，因此需要针对两个维度分别设置规则明细。其中"下限值"和"上限值"代表该维度包含对象的范围，"XA"是"部门"的组代码，代表"管理部门"，如图8-15所示。

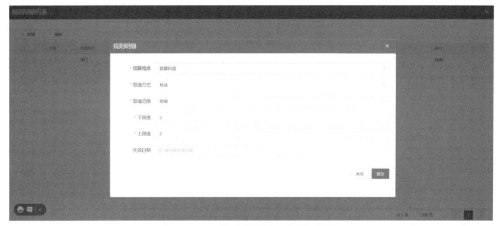

**图 8 - 14　预算模板控制规则**

**图 8 - 15　预算模板规则明细设置**

"A""Z"代表"预算科目"组中的所有科目。填写完毕后点击［提交］，如图 8 - 16 所示。

**图 8 - 16　预算模板规则明细设置**

进入"规则明细列表"界面，如图 8 – 17 所示。这些代码是由预算专员自定义设置，可自行进行修改。

图 8 – 17　预算模板规则明细列表

至此，预算模板已经全部完成，由预算专员于洋点击右下角的［提交］—［发布］将预算模板发布，如图 8 – 18 所示。预算模板发布后于洋才可以将模板中的预算规则导入预算系统中进行预算管理。

图 8 – 18　发布预算模板

### 8.2.3　导入和复核预算模板

**1. 预算专员导入预算模板**

本例中，我们选取采购部的预算管理设置来进行演示。

预算专员于洋进入"预算系统"模块，在页面上方点击［预算管理］，在"功能入口"栏中点击［预算导入］，如图 8 – 19 所示。

**图 8 – 19　登录预算系统**

进入"预算导入"的填写界面后，填写相关信息如单据编号、申请人、部门、提单日期、预算模板、预算类型以及摘要，如图 8 – 20 所示。

**图 8 – 20　预算导入信息填写界面**

然后，点击基础信息栏下方的［导入］按钮来导入模板。点击后系统弹出"预算明细"窗口，填写完相关信息后，点击［提交］，将该条预算明细上传至当前页面，如图 8 – 21 所示。

所有信息填写完毕后，在"预算导入"界面的右上方点击［提交］，将该预算模板导入预算系统，如图 8 – 22 所示。

图 8 – 21　导入预算信息

图 8 – 22　预算信息提交成功

## 2. 复核预算模板

　　财务共享服务中心预算复核员图清进入"预算系统"模块，在页面上方点击［预算管理］，在"功能入口"栏中点击［预算复核］，如图 8 – 23 所示。

图 8 – 23　预算复核员登录预算系统

进入"预算复核"界面后，找到采购部的预算模板进行复核，如图 8 – 24 所示。

**图 8 – 24　预算复核员复核预算信息**

预算复核员图清确认预算模板无误后，点击［同意］，采购部的预算数据将生效，如图 8 – 25 所示。

**图 8 – 25　预算复核员复核通过**

### 3. 调整预算模板

如果遇到特例情况，需要对预算模板进行调整。部门领导在得到相关权限人（往往是更高级别领导）的同意后，联系预算专员可进行预算调整，部门领导没有权限自行调整预算。实际工作中，企业部门领导向相关权限人申请调整预算的审批流程和方式不一定相同，如可以通过电子审批或纸质文件审批等，在此不再详述。

预算专员于洋在得到相关权限人同意采购部预算调整的信息后，进入"预算系统"模块，在页面上方点击［预算管理］，在"功能入口"栏中点击［预算调整］，如图 8 – 26 所示。

进入"预算调整"界面，找到采购部的预算模板后进行调整，填写完相关基础信息后，在"摘要"栏处备注预算调整，便于后续流程区分，如图 8 – 27 所示。

图 8 – 26　登录预算系统

图 8 – 27　进入预算调整界面

　　点击"预算调整"界面基础信息区域下方的［＋新增］，添加需要调整的预算明细，填写完毕后点击［提交］，上传该笔预算调整，如图 8 – 28 和图 8 – 29 所示。

图 8 – 28　新增预算调整明细

图 8 - 29　提交新增预算调整

### 4. 复核调整过的预算模板

　　预算复核员图清进入"预算系统"模块，在页面上方点击［预算管理］，在"功能入口"栏中点击［预算复核］，如图 8 - 30 所示。

图 8 - 30　预算复核员登录预算系统

　　进入"预算复核"界面后，找到采购部的预算调整模板进行复核，如图 8 - 31 所示。

图 8 - 31　预算复核员复核通过

### 8.2.4　预算控制节点设置

预算专员于洋进入"预算系统"模块，点击页面右上方［更多］—［配置平台］，以进入"流程引擎系统"模块，如图 8 – 32 所示。

**图 8 – 32　登录预算系统**

进入"流程引擎系统"模块后，对已经发布的预算模板的控制流程节点进行设置。在"操作"下点击［编辑］即可对已经设置过控制节点的预算模板进行设置；点击［配置］则可以查看当前预算模板的配置信息；点击［部署］则是将预算控制节点部署在未发布的预算模板中，如图 8 – 33 所示。

**图 8 – 33　进入流程引擎系统**

选择一个预算模板后点击［编辑］，进入预算控制节点的编辑界面，如图 8 – 34 所示。

预算专员选中"预算控制"后，对其进行拖动来设置控制节点在业务处理流程中所在的位置，同时还可以在页面的右侧对预算模板的属性进行编辑，如图 8 – 35 所示。

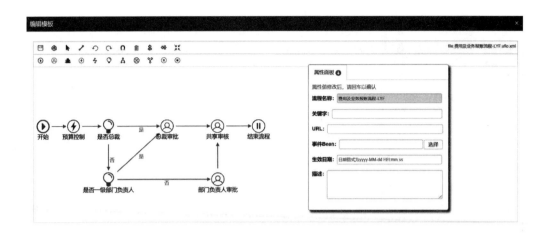

图 8－34　预算控制节点编辑界面

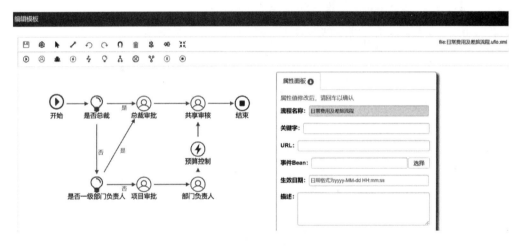

图 8－35　拖动预算控制节点进行设置

　　此外，整个业务处理流程的各个节点都可以通过拖拽来进行设置，从而调整业务处理流程。编辑完毕后，点击页面左上角的"凹"按钮进行保存。保存后，系统会自动弹出确认提示，以确认是否需要将当前流程模板部署到该预算模板中，点击［确认］即可部署，如图 8－36 所示。

　　至此，整个预算控制设置的操作完毕。以采购部业务员买易日常费用申请的预算控制为例，如该笔费用超过预算额度，则会提示"预算余额不足，禁止提交"。这表示在员工进行费用申请的流程节点处就已经设置了相应的预算控制规则，如费用申请不满足预算控制规则，则无法进行后续的业务处理流程，如图 8－37 所示。

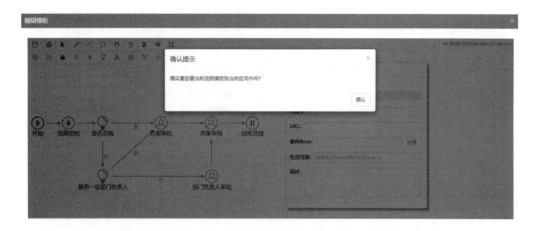

**图 8 – 36　保存预算控制节点设置**

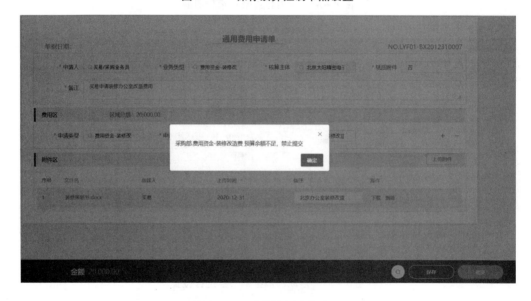

**图 8 – 37　预算控制实施界面**

## 本章小结

综合本章所述，预算是指企业对在一定的时期（通常为一年或者一个既定期间）内如何取得和调配经营与财务等方面的相关资源所做的一系列具体计划。预算按照其涉及的业务活动领域划分，包括营业预算（如销售预算、采购预算、生产预算、产品成本预算、费用预算等）、投资预算（如资本预算）和财务预算（如资产负债表预算、利润表预算、现金预算等），因此预算的编制与执行涉及企业及其所有下属单位经营与财务的方方面面。

　　预算具有两个基本职能：计划和控制。预算的编制作为计划职能的一部分，是预算控制的重要依据。而预算控制，对预算主体的活动进行监督和评价，以保证他们按计划进行并纠正各种重要偏差的过程。

　　传统模式下预算管理有预算编制方面的问题，如编制质量不高、效率低下、预算松弛等；还包括预算执行方面的问题，最突出的问题是预算控制难以落实。出现这些问题的原因是多方面的，其中一个重要因素是在传统模式下预算难以真正发挥其职能并为企业带来应有的管理价值。而在财务共享服务模式下，由于共享服务中心成为企业的数据处理中心不但能为高质量的预算编制提供保障，更为关键的是，预算控制落地问题能够得到明显改进。财务共享服务模式下，基于预算的事前控制和事中控制得以实现。财务共享服务模式下，集团可以基于共享服务中心俯瞰各分公司、子公司预算执行过程。

　　财务共享服务模式下，由财务共享服务中心的预算相关人员在预算系统中对预算控制进行管理。包括设置预算模板（如预算配置、预算维度、组定义、控制策略）、导入和复核预算模板、调整预算模板以及预算控制节点的设置和部署等。

### 【相关词汇】

预算（Budget）

预算控制（Budget Control）

内部控制（Internal Control）

预算管理（Budget Management）

营业预算（Operating Budget）

投资预算（Capital Budgeting）

财务预算（Financial Budget）

### 【小组讨论】

分组讨论财务共享服务模式下的预算控制方式还可以有哪些。

# 第9章
## Chapter 9 财务共享服务中的辅助技术

 **学习提要与目标**

　　本章主要介绍财务共享服务中的辅助技术。首先，介绍了智能识别的概念、特点和应用现状以及在财务共享服务中的应用；然后，介绍了机器人流程自动化（RPA）的定义、特点、应用价值以及适用的场景特征；继而引入财务机器人的概念，介绍了财务机器人的功能以及存在怎样的局限性；最后，介绍了财务共享服务和财务机器人的关系，以及将财务机器人应用于财务共享服务中的作用。

　　通过本章的学习，应掌握：

- 智能识别的概念和特点；
- 机器人流程自动化（RPA）的概念和特点；
- 机器人流程自动化（RPA）的价值；
- 机器人流程自动化（RPA）适用的场景特征；
- 财务机器人的概念；
- 财务机器人的功能；
- 财务机器人的局限性；
- 财务共享服务和财务机器人的关系。

## 9.1　智能识别（OCR + AI）

### 9.1.1　智能识别概述

　　在过去的20年，视觉识别和智能交互技术发生了日新月异的变化，形成了智能识别的基础。从小数据到大数据，从手工设计特征到以深度学习为代表的视觉特征学习，从简单内容到自然场景，从简单模型到复杂模型，从单一输出到复杂输出，从视觉识别到视觉理解、进一步到视觉描述和问答，视觉识别和智能交互技术已经逐渐从实验室走向现实的应用场景。智能识别的方法尤其在深度学习方法、视觉和自然语言处理等技术深度结合的方面发展速度快，技术更新多。其输入数据的主要设备从扫描仪和照相机逐渐迁移到智能终端和机器人，视觉信息处理能力越来越强，人机交互的体验也越来越真实。

智能识别的基本原理与人类对图像识别的基本原理相似。人类不是结合储存在脑海中的图像记忆进行识别，而是利用图像特征对其分类，再利用各类别特征识别出图片。计算机也采用同样的图像识别原理，采用对图像重要特征的分类和提取，并有效排除无用的多余特征，进而使图像识别得以实现。其优点是，人类对图片的识别会受到感觉以及视觉错觉的影响，但是计算机不会受到任何外界因素的影响。但是缺点是，有时计算机对上述特征的提取比较明显，有时就比较普通，这将对计算机图像识别的效率产生较大影响。

**1. OCR 概述**

光学字符识别（Optical Character Recognition，OCR）是从图像中识别出文字的技术，利用机器将图像中手写或印刷文本转换为计算机可以直接处理的格式。OCR技术能够处理多种不同场景的图像，包括拍摄或扫描得到的各种卡证、纸质文档图像，也包括含有文字的自然场景图像和叠加了字幕文本的视频图像等。

OCR 技术凭借着较高的实际应用价值，一直以来都是模式识别、人工智能以及计算机视觉领域的研究热点。早期的 OCR 技术可追溯到 1870 年，电报技术和为盲人设计的阅读设备的出现标志着 OCR 技术的诞生。从 2000 年开始，在线服务成为OCR 的主要业务形态之一，这一阶段 OCR 技术仅在比较规整的印刷体文档识别上性能良好。2014 年以来，随着深度学习技术在 OCR 领域的应用，加上海量训练数据的积累，OCR 取得了飞跃性发展，适用范围明显扩大。2015 年 OCR 技术开始从对单个字符的识别转变为对整行文本进行识别，通过更有效地利用文本行的序列信息，识别效果进一步提升。2017 年以来，OCR 中开始引入人工智能领域的自然语言处理技术和图像识别技术，增强了对内容的"理解"能力，通过语义信息的关联，复杂场景下的文字识别能力得到增强。与此同时，随着图像处理等技术的发展，能矫正扭曲和畸变的文字图像，也能改善 OCR 性能。

### 2. 图像识别概述

图像识别是人工智能的一个重要领域，是指利用计算机视觉、模式识别、机器学习等技术对图像进行处理、分析和理解，以识别各种不同模式的目标和对象的技术。广义的图像识别还包括对识别的概念进行图像区域定位等。图像识别技术可以满足用户在不同场景下的视觉应用需求，主要包括面向互联网的图像检索与挖掘、面向移动设备和机器人等智能终端的人机对话与信息服务等。

最早的图像识别技术可以追溯到 20 世纪 60 年代。自 20 世纪 90 年代以来，随着计算机的处理能力越来越强，图像识别技术得到了很大的进步与发展，从最早的数字识别、手写文字识别逐渐发展到人脸识别、物体识别、场景识别、属性识别、精细目标识别等，所采用的技术也从最早的模板匹配、线性分类到现在所广泛使用的深层神经网络与支持向量机分类的方法。特别是进入 21 世纪 10 年代以来，随着计算能力的大幅度提升、新的计算方法的不断提出、可利用的数据资源的大规模增长、新型应用模式不断涌现，图像识别及其应用技术无论在研究的广度和深度上、在识别效果的性能上、在技术及应用的扩展上，都呈现出新的趋势。其中有四个特点比较突出：

（1）图像的特征表示已经从传统的手工设定演变为如今的自动学习方法，这主要得益于深度神经网络技术的广泛应用；

（2）图像识别的概念已由早期个别概念（如特定概念、十几个概念的识别）转变为成百上千的概念，这主要是由于大规模图像数据集的发展所推动的，如 ImageNet，Places，SUN397 等；

（3）图像识别技术正在和自然语言理解技术进行融合，形成了图像描述技术，有别于图像识别只是对图像进行个别概念的标注，图像描述可以自动对一幅图像进行一句话或一小段话的描述，从而可以更全面地描述图像内容；

（4）在应用模式上，传统的图像识别技术或者是为了服务于监控、检索等特定的应用场景，或只是为了突破计算机视觉的挑战性问题，在技术研究时并未过多考虑全面图像识别技术的应用场景。

计算机图像识别的过程与人脑识别图像的过程大体一致，都是主要经过四个步骤：

（1）获取信息，主要是指将各类信息通过传感器向电信号转换，也就是对识别对象的基本信息进行获取，并将其向计算机可识别的信息转换；

（2）信息预处理，主要是指采用去噪、变换及平滑等操作对图像进行处理，基于此使图像的重要特点提高；

（3）抽取及选择特征，主要是指在模式识别中，抽取及选择图像特征，概括而言就是识别图像具有种类多样的特点，如采用一定方式分离，就要识别图像的特征，获取特征也被称为特征抽取；

（4）设计分类器及分类决策，其中设计分类器就是根据训练对识别规则进行制定，基于此识别规则能够得到特征的主要种类，进而使图像识别不断提高辨识率，此后再通过识别特殊特征，最终实现对图像的评价和确认。

### 9.1.2　智能识别的特点

智能识别通过图像文字的识别实现信息录入，有三大特点。

**1. 提高效率**

相比传统的人工方式，显著提升信息录入效率。伴随着人工智能领域技术的创新，作为一个经典的模式识别问题，智能识别取得了巨大的突破。当前深度学习技术不断发展，加速了智能识别性能提升，为复杂场景的文字识别应用提供先决条件。文字识别应用范围从简单的印刷体数字、字母符号识别，逐步演进到自然场景下多形态文本检测与识别、手写体文本检测与识别等复杂情形。

**2. 降低成本**

通过机器代替人工，可大幅降低人力成本的开销。智能识别应用需要基于计算和服务载体，随着移动互联网日益成熟和产业互联网的加速发展，智能识别服务载体呈现出多样化特征。一方面智能手机、电脑等电子产品已经成为人们生产生活的标配，为智能识别应用提供了多样化终端载体，终端设备成本降低和性能提升为智能识别发展提供利好条件。另一方面智能识别已经嵌入云平台中，演变为可以随时调用的云服务，随着云计算的大规模普及，大幅降低了使用门槛和成本。

**3. 适用性强**

智能识别技术能够实现多种场景、多种语言的识别。此外，通过智能识别提取图像中的文本，并进一步分析这些文字和符号所包含的语义信息，能够为机器理解图像提供高层语义线索。以图像文字作为信息传播载体，并使用智能识别实现图像和文字的转换，成为流程自动化的前置基础，高效率、低成本的特点极大地加速产业数字化进程，智能识别已经是当前产业数字化转型不可或缺的支撑能力。产业数字化的浪潮进一步释放信息采集、交互需求，智能识别将在越来越多的行业中大展身手。

### 9.1.3　智能识别应用现状

**1. 标准场景文字识别相对成熟**

标准化场景下智能识别应用相对成熟，主要包括名片、身份证、护照、港澳通行证、户口簿、驾驶证、行驶证、银行卡等卡证识别，以及增值税发票、银行票据、营业执照等票据识别。由于这一类应用场景下获取的图像较为规整，且文字内容格式化程度高。这些识别技术在金融、政务等领域已经得到了广泛应用。

**2. 手写文字识别应用逐步扩大**

由于不同人手写文字之间存在广泛的差异，且相比于印刷体通常存在文字粘连，提升手写体文字的识别性能依然具有一定挑战。近年来，手写体的识别能力逐步提升，在教育、物流等行业应用不断扩大。例如，在教育行业，手写字识别帮助机器识别学生作业等，辅助教师进行标准答案比对；在物流行业，手写字识别能够帮助实现手写运单的自动识别。

**3. 复杂场景文字识别开始探索**

目前，虽然特定场景的智能识别技术已经相对成熟，但是随着智能识别应用领域的不断拓宽，像人眼识别能力一样的通用智能识别技术成为业界研究的重点。具体一方面是追求自适应识别不同的图片以及图片上的文字，如在银行、财务等相关业务场景自动识别各类证照卡票；另一方面追求在不同光照、不同拍摄角度等方面识别的性能，如无人机器人摄像机对拍摄内容的自适应识别。

---

相关链接

### 智能识别经典应用案例

1. 丰巢快递柜实名验证

目前我国快递业务需要对寄件人进行身份查验并登记，丰巢快递通过使用腾讯云身份证智能识别技术，身份证字段识别准确率达99%，实现用户自助进行实名验证，可以有效提高用户寄件、取件的效率。

2. 顺丰快递单自主识别

快递单的文字转写一直是快递行业提升用户体验的重要需求。顺丰使用手写

---

体文字识别技术，可以自动识别运单的收寄件人信息，提高效率并降低了人力成本。据统计，顺丰使用智能识别产品后，实现 3 小时识别 2 000 万张运单的识别的能力，可以节约相关人力成本每年约 50%。

3. 宁波银行票据自动录入

银行业大量金融票据的分类和录入一直是简单重复却非常耗费人力成本的工作，提升分类和录入速度、同时降低人力成本成为使用智能识别技术的核心驱动。宁波银行使用智能票据智能识别解决方案，支持十余种票据的自动检测分类、结构化识别以及信息录入，并对字迹模糊、印章干扰、打印错位等问题进行了优化，将识别的字段准确率提升至 90% 以上，更好地满足了银行业务场景的需要。

4. 搜狗广告图片文本审核

目前敏感词过滤技术已经非常成熟，通过文字进行恶意推广往往会被网站屏蔽。所以很多不法分子开始在图片、视频中内嵌一些非法信息和广告。传统方法是以人工肉眼来审查，在目前数据的体量下已经基本无法满足业务的需要。通用文字识别服务帮助客户自动识别海量的图片文字内容，从而高效地进行广告图片内容审核，降低客户业务的违规风险。

资料来源：整理自互联网。

## 9.1.4　财务共享服务中的智能识别应用

**1. 智能识别技术应用后的财务共享中心处理流程**

（1）前端业务处理。在此流程上，经办人需打印纸质单据后，经现场领导审批、粘贴附件后，投入投递箱，完成业务。专员在每个工作日及时进行投递箱的单据收集，集中到指定位置后，批量放入扫描仪，形成电子表单和电子影像文件，根据管理需求，可直接进入共享中心或继续经过相应的流程审批后进入共享中心。

（2）共享中心审批处理。共享中心接收到电子表单和影像文件后，进行审批确认并自动生成凭证，与其他共享中心处理模式一致。

（3）纸质附件归档处理。按照管理需求，定期（月末或季度末）将纸质附件邮寄回共享中心，共享中心安排专人负责接收后，通过扫码枪扫描附件上的二维码（条形码），系统会自动弹出电子凭证，打印并与原始附件进行粘贴，分类进行归档，整个业务处理完成。

**2. 智能识别技术的应用在共享中心流程中的作用**

（1）连接纸质流程与电子流程。智能识别术相当于一个纽带，将线下纸质审批流和纸质数据与网络电子表单和数据进行联通，自动生成信息化数据，给纸质化审批和数据进入共享中心提供了便捷的通道，与原有人工处理相比较，效率将大大提升。

（2）无须等待纸质原始凭证。原始纸质单据在进入高速扫描仪后，除生成电子表单外，同时还可将影像文件与电子表单进行匹配并一起传回共享中心，共享中心只要凭借电子表单和原始电子影像，即可进行核算和后续业务处理，不需要等待纸质表单和原始发票即可完成付款动作等。

# 9.2　机器人流程自动化（RPA）

## 9.2.1　RPA 概述

### 1. RPA 定义

RPA（Robotic Process Automation），翻译为机器人流程自动化，是通过特定的、模拟人类在计算机界面的操作的技术，按照既定的规则自动执行相应的任务，以达到代替或辅助人类完成重复性的工作的一种自动化流程软件。RPA 是针对各行业存在大批量、重复性、机械化人工操作的情况，提供的一种解决方案。

RPA 也被称为数字化劳动力（Digital Labor），是因为其综合运用了大数据、人工智能、云计算等技术，通过造作用户的计算机界面，增强人与计算机的交互过程，从而能够辅助执行以往只有人类才能完成的工作，或者作为人类完成高强度工作的重要辅助。与我们人类相比，RPA 机器人拥有超强的记忆力以及持续的工作能力，面对大量单一、重复、烦琐的工作任务时，能够显著提升工作的准确度和效率。

相关链接

## 自动化的未来

当今的流行词是第四次工业革命——技术嵌入社会甚至人体的时代，无论是机器人、3D 打印、纳米技术、物联网，还是自动驾驶技术，都将从根本上改变我们的生活、工作和互动方式。如今，技术变革和创新正在以前所未有的速度和范围进行着，并且对许多学科产生了影响。技术变革所到达的阶段是，机器以及进入曾经被认为是只有人类涉及的领域，对于我们未来的生活有多少将被机器人接管的争论是无休无尽的，但不可否认的是，机器人将留下来。

如今的自动化能影响各个领域。与过去只有蓝领工作才有被机器人取代的危险不同，这次白领的工作甚至被认为是有被取代的危险。虽然这不一定是假的，但有报道称，只有一部分的工作可能完全被自动化所取代。对于其他工作，自动化将只会取代工作的一部分，而不是完全接管。和过去一样，人们应该找到适应变化的方法，随着一代又一代的更替，人们变得更聪明、更能适应变化，并且稳步发展。

此外，自动化主要接管常规和乏味的任务，人们有机会更好地利用我们的能力，无论是推理能力、情商还是创造力。我们能做的不是为必然发生的事情烦恼，而是做好准备。其中一个方式是改变教育模式，应该教会下一代如何识别并迅速适应变化，所以未来我们教育的一个重要方面应该是学会如何学习。

资料来源：整理自互联网。

### 2. RPA 的特点

目前，RPA 的功能开发较为完善，总体来说 RPA 有如下几个特点。

（1）模拟人工操作。RPA 的重要功能是可以自动控制计算机完成操作，模拟人工进行鼠标点击、打开关闭网页等相关操作。这种方式类似于自动化流水线上的机器人机械臂，其功能是模拟蓝领工人完成各种类型的精细操作。RPA 机器人通过计算机操作系统的功能来模拟白领员工在计算机用键盘与鼠标进行各种操作。

（2）非侵入式运行。RPA 系统遵循系统的安全性和数据的完整性的要求，与传统的 ERP、CRM 等 IT 信息化系统软件不同，RPA 运行于更高层级的表现层，不会侵入和影响现有的软件系统，以"外挂"的身份，模拟工作人员的操作行为去访问当前系统。这种方式可以最大限度地保护现有系统，彼此之间不会造成任何干扰，而且不会对现有系统构成任何威胁，在提高工作效率的同时，保持现有系统的平稳运行。

（3）可视化界面。具备以图形界面的方式来进行可视化流程设计的能力，是 RPA 系统与传统分批处理程序的一个十分重要的标志。首先，可视化界面是将很多业务模块化，使得使用者通过可视化拖拽的方式，进行业务流程的编辑，降低了业务人员的编写门槛。其次，通过线下、线上的学习，即使是没有编程经验的员工，也可以在短时间内掌握 RPA 流程的编写方法。再者，让业务人员随时可以观察到 RPA 机器人是如何工作的，机器人在某一时点正在处理哪些数据，正处于哪个业务环节，业务人员关心的不仅仅是业务流程有没有被正确地执行，他们往往还会担忧一旦业务流程出错，恢复这个业务流程的时间和行政流程要远远大于他们手工操作去完成这项工作本身，这是得不偿失的。

（4）完整数据处理链路。在数据检索与图片识别处理环节，RPA 可以跨系统地进行数据检索、数据迁移以及数据输入，通过 OCR 识别信息，访问不同网站点获取信息，并且可以在此基础上审查与分析文字；在数据上传与下载环节，RPA 通过预先设计的路径，上传和下载数据，完成数据流的自动接收与输出；在数据加工分析环节，RPA 系统可以进行基本的数据检查、数据筛选、数据计算、数据整理、数据校验的工作；在信息管控与产出环节，RPA 可以基于模拟人类判断，实现工作流分配、标准报告出具、基于明确规则决策等功能。

**3. RPA 的应用价值**

（1）高效服务。传统人工操作模式在有限的时间进行，而且手工操作速度较低，受很多人为因素的影响。RPA 系统可以全天候工作，而且工作严格按照制定要求进行，不受人为因素干预，而且 RPA 系统速度非常快，有时候甚至需要降低执行的速度，以匹配工作应用上的程序速度与延迟。并且在传统模式下，人工容易导致较高的出错率，而 RPA 操作正确率接近100%，工作质量提高了很多。

（2）节约成本。我们常常听到，一个机器人相当于三名全职的员工，因为一名全职员工每天工作 8 小时，而机器人可以无休止地每天工作 24 小时。在传统模式下，大量简单重复的工作却需要投入很高的人力资源去处理，随之而来的是产生的薪酬、福利等问题。从成本角度分析，一台机器人的授权费和部署成本大约是 4～6 万/年，约为普通白领员工雇佣成本的1/3，所以采用 RPA 系统企业可以大幅度减少此类成本投入。

（3）安全合规。RPA 按照固定的规则执行脚本，不侵入原有的信息系统，一切操作能够通过控制器进行追踪，工作路径可以随时调阅，业务故障能够及时发现，使得 RPA 系统运行始终处于安全可控的状态，能够保障信息系统和企业数据的安全。并且，RPA 自动进行业务流程，减少了人工干预的因素，在一定程度上降低了人为操纵的风险。

RPA 的自动化流程的每个步骤都被记录下来，这使得精确定位错误变得更简单、更快捷，并且具有完整审计线索的 RPA 系统，可以提高合规性。RPA 在执行任务时不会偏离定义的步骤，因此会有很高的合规性。

（4）简单通用。RPA 的使用者不需要预先学习编程知识，大多数平台以流程图的形式提供设计，简单性使得业务流程易于业务化，使 IT 专业人员可以相对自由地开展更具价值的工作，同时 RPA 在部署方面具有高度伸缩性，无论需要增加还是减少虚拟劳动力，RPA 都能以零成本或低成本进行部署，并且保证工作质量不变，使得管理更为简单。并且 RPA 适用于执行各种任务的行业，从小到大的业务，从简单到复杂的流程，RPA 都能起到替代人工或辅助工作的作用。

（5）提升价值。RPA 允许企业通过集中式管理平台实现管理、部署、监视系统运行状况，减少了管理的需要。由于 RPA 系统可以全天候地工作，增加了产能，使得管理层更加专注于客户服务和满意度，并且 RPA 提供的高质量服务可以大大提升客户满意度。并且，传统模式下重复、烦琐、乏味的工作被虚拟劳动力接管，员工不仅可以减轻工作量，还能转型去做高附加值的财务工作，财务人员的积极性能得到有效调动，实现财务对业务的有力支持，使企业的价值得到提升。

**4. RPA 适应的场景特征**

RPA 是一种处理重复性工作、模拟手工操作的程序，因此 RPA 并不适用于所有的场景，其适用的场景具有以下特征：简单重复操作、量大易错业务、全天候工作模式和多个异构系统流转业务。

（1）简单重复操作。对于固定流程的操作，处理规则明确，只需要按部就班地点击按钮或进行其他机械式的操作就可以完成，为 RPA 的使用提供可能性。对于大量简单重复的工作，其工作的附加值往往较低，但在此岗位上占用的工作人员多，产生的效益较低，重复、枯燥的工作不利于个人能力的发挥，这也为 RPA 的应用提供了可能性。

（2）量大易错业务。在大量数据的计算、核对、整合、验证的过程中，由于数据处理的工作量大，需要投入较高的人力成本去处理，同时此类业务往往容易出错，而借助 RPA 系统能够批量处理数据，处理速度快，并且能够大大提高处理的准确性。对于量大易错的业务，例如跨系统的数据输入与核对、数据录入以及状态维护，RPA 能近乎完美地进行处理。

（3）全天候工作模式。人类非常聪明，在工作中的应变能力很强，在这一点上，机器人是很难企及的。但人工操作的问题是人类的专注力是有限的，在高强度工作压力下，持续工作 1～2 个小时，工作效率就会因为疲倦等原因而下降，再加上外界干扰、感情情绪等影响，往往容易出现工作失误。而 RPA 系统可以不间断、高效率地工作，及时面对高强度的工作，只要硬件可以承担这种负荷，RPA 就可以正常运行，并且 7×24 小时不间断地工作。

（4）多个异构系统流转业务。企业中同时存在多个信息化的系统，如 CRM、ERP、OA、邮件、云盘、数据库等，这些信息化系统分别属于企业的各个部门。RPA 系统通过用户界面或脚本语言进行系统交互，过程中不用改造原有的系统，完全模拟人工操作和判断，且保密性更好。RPA 完成多个系统间数据流转业务过程中，分别登录多个系统自动执行数据的采集、迁移、输入、校验，以及上传、下载、通知等操作，不需要对多个系统间数据通道进行改造，不改变企业原有的信息系统结构。在此类业务中，RPA 系统起到了非常重要的作用。

### 9.2.2 财务共享服务中的 RPA

#### 1. 财务机器人

RPA 系统对人类操作的模拟以及对人类判断的模拟，能够实现数据的收集和整理、验证、分析、记录、协调、管理、计算、决策、沟通和报告等一系列功能。财务机器人是 RPA 在财务领域的应用，可以实现数据检索与录入、图像识别与转换、跨平台上传与下载、数据重构与分析、信息监控与流程触发等多种功能，能广泛应用于会计核算、跨系统协同、管理决策支持等流程自动化的财务场景。

财务机器人有如下五大功能。

（1）数据检索与录入。通过预设计算机规则模拟财务人员在传统模式下的手工操作，由财务机器人自动执行数据检索、数据迁移、数据录入等动作。如自动访问内部和外部安全站点，并根据关键字段自动进行数据检索，提取并存储相关数据信息。

（2）图像识别与转换。依托 OCR 图像识别技术，财务机器人可自动提取图像中的有用字段信息并将其转换为能够进行结构化处理的数据，在进一步对数据进行审查与分析后，输出对管理、决策有用的信息。如将 OCR 图像识别技术应用于发票与合同信息的识别管理中，可以有效减少财务人员的重复性劳动。

（3）跨平台上传与下载。其核心是从后台对数据流的接收与输出进行管理。当系统间数据接口尚未打通或彼此间数据融通存在障碍时，就可由财务机器人按照预先设计的路径，自动登录内、外系统平台，完成数据流的自动接收与输出。如财务机器人可自动收取并下载邮件、自动下载银行账户清单，并存储到合适的文件夹中。

（4）数据重构与分析。对于下载获取的数据信息，财务机器人可进一步检查、筛选、计算、整理，并基于规则进行校验和分析。如对获取的数据进行自动化检查，从中识别出异常数据并作出预警；对提取的结构化数据和非结构化数据进行转化和整理。

（5）信息监控与流程触发。引入模拟人类判断技术，财务机器人可实现自动推进财务运行工作流程的相关功能。如对数据校验环节生成的对账失败报告，财务机器人会依据预设的对账失败处理流程发送邮件通知相应人员进行审核与批复；在识别员工借款逾期未还信息后，会自动向员工发送逾期提醒邮件等。

财务机器人适合基于标准化规则操作、不涉及主观判断的业务，且处理的数据必须结构化、数字化，适合大量重复和有明确规则的流程。企业业务中常见流程中有不少业务处理环节都具备高度的标准化、高度的重复性特点，符合财务机器人适用的标准，因此机器人在企业财务领域有着广阔的利用空间。财务机器人可用于费用报销、订单到收款、采购到付款、固定资产管理、存货到成本、总账到报表、资金管理、税务管理、档案管理、预算管理、绩效管理、管控合规等流程，其中费用报销、采购到付款、总账到报表、税务等流程上财务机器人的运用已经较为成熟，极大地减少企业人力投入、降低风险，更能高效支撑业务发展和经营决策。

应用财务机器人为企业带来了众多收益，其应用场景和实施范围得以不断拓展，但是，企业也必须正视财务机器人存在的局限性，从全局的角度考虑财务机器人的科学部署问题。目前，财务机器人的局限性包括以下几点。

（1）无法处理异常事件。由于财务机器人是基于固定规则进行操作的，当业务场景发生较大变化时，财务机器人无法判断与规则不符的情况，无法处理异常事件，这就需要专业人士监督财务机器人运行过程，一旦出现异常过程，需要人工的立即干预。

（2）运营保障要求高。虽然财务机器人在 ERP、CRM 等软件的上层进行运作，不改变企业原有的信息系统结构，但是其有效运营对系统平台的稳定性具有一定要求。当企业软件升级或切换系统平台时，财务机器人可能无法正常运作或迅速恢复运作，需要投入一定的时间和成本，进行财务机器人的重新部署和优化。

（3）财务机器人开发设计缺乏明确的统一标准。我国多数企业大都采用与财务机器人厂商合作的方式进行流程开发设计，但当前财务机器人厂商也都处于探索阶段。在业内尚未形成明确统一的开发标准的情况下，厂商对产品的开发设计更多的只是基于自身的理解，加之开发与使用的脱节，在设计工作流程时，往往与企业的真实业务需求存在一定的偏差。如果错误地选择了流程区段，可能无法真正帮助企业验证财务机器人项目的可行性。

---

相关链接

# 德勤智能机器人

　　在上海举行的一场分享沙龙上，德勤中国税务管理咨询合伙人、德勤智慧未来研究院机器人中心成员叶建锋，带来关于"德勤机器人引发的财务新变革"的主题分享。现场，几段"小勤人"（德勤机器人的昵称）帮助企业解决财务工作的视频，引发场下听众一阵骚动。"小勤人"几分钟就能完成财务几十分钟才能完成的基础工作，且可以 7×24 小时不间断工作。现如今，德勤智能机器人中心已经与多家企事业单位建立合作，提供财务自动化流程解决方案。机器人为财务部门的工作带来效率的提升，帮助财务人员完成大量重复规则化的工作。

　　1. 三四个小时完成一个财务人一天的工作

　　据了解，德勤智能机器人可以将财务人从重复劳动中解放出来。现在只需要财务人员把增值税发票放入扫描仪中进行扫描，剩下的工作全部都由"小勤人"完成了。配合 OCR 技术和 Insight Tax Cloud 发票查验云助手，不到一分钟的时间，"小勤人"已经成功查验了一张发票并在 Excel 表中登记了结果。然后财务人员将增值税发票移送到税务部门，税务人员会启动"小勤人"，让它自动去发票选择确认平台下载增值税发票批量勾选文件，再根据刚刚登记的发票清单去匹配，自动判断是否可以认证抵扣。"小勤人"会把需要勾选的发票整理成批量勾选上传文件，再导入到发票选择确认平台中，就可以抵扣进项税。一个"小勤人"三四个小时就完成了财务人一天的工作，财务人可以把精力放到日常沟通和分析的工作中。

　　2. 开票效率提升75%

　　引入"小勤人"之后，通过机器人流程自动化技术的运用，提高了财务部门人员配置的合理性和有效性，达到了人力资源和工作强度的"削峰填谷"。原有的开票人员可以从机械的劳动工作者，转变成机器人的管理者。原有的大多数开票操作都可以交给机器人自主完成，开票人员只需要负责等待发票打印完成、审核盖章即可，预计每个开票流程可由 20 分钟缩减到 5 分钟。此外，月末关账的峰值时段，机器人的 7×24 小时不间断工作，能够很好缓解财务人员的工作压力。

3. 往来结转和盘点新玩法，1 天做完 40 多人的工作

某餐饮集团当前门店数量近 200 家，随着业务持续扩张，报销、收入确认、往来结转和月末盘点等流程的处理难度不断加大，效率较低，人力成本逐年增加；门店和共享服务中心财务人员合计近 200 人，由于还未形成统一标准化的管理，报销审核、收入对账的流程周期长，异常处理滞后。引入"小勤人"之后，月结周期开始的第一天，财务人员将收集到的门店盘点结果放在了公共盘，维护好了公司代码主数据，并且给机器人专用邮箱发送了作业开始的指令，5 分钟后第一家门店的结转已经完成，一刻钟后第一家门店的盘点已经被标记为已完成。机器人在工作日结束的时候发来了邮件告知任务结束，附件包含了所有生成的凭证。通过实施机器人自动化，企业减少门店向共享服务中心提交审核的相关流程，缩短财务处理周期，便于及时发现账实不符等异常情况，并及时响应；实现门店的统一管理，优化财务处理流程，加强内控，提高整体财务服务水平。

资料来源：整理自互联网。

**2. 财务共享服务和财务机器人**

财务共享服务中心有大量具有明确规划点的标准化流程，从而为财务机器人的应用提供了适合的场景。财务共享服务是一个新型的管理模式，通过观念再造、流程再造、组织再造、人员再造、系统再造，将分散于各个业务单位、重复性高、易于标准化的财务业务集中到财务共享服务中心统一处理，达到降低成本、提高效率、改进服务质量、强化集团内部风险控制等目标的管理模式。基于这种集中的模式，在财务共享服务中心，财务机器人的大量应用可以将财务共享中心的工作人员从大量、重复且机械化的工作中解放出来，去从事更具价值和创造性的工作。

相关链接

# 财务机器人在财务共享服务中的应用案例

中国大唐资本控股有限公司是中国大唐集团有限公司二级子公司，在大唐集团金融板块内担负投资、融资等重要职责。其业务具有多牌照、个性化的鲜明特点，随之给财务工作带来点多面广、产品与经营模式灵活多变、业务系统多等管理困难。公司根据自身业务特点结合已有的软件系统，搭建了业财结合、多维一体的财务共享中心平台。财务共享中心建立之初就确立了以业财数据整合和提供专业的财务数据为基础，实现为领导提供决策支持，推动企业的标准化，以及成为企业高素质财务人才基地的三个目标。

大唐资本控股有限公司面临着点多面广，产品和营业方式灵活多变，业务和财务系统繁多复杂，财务人员不足和年轻化等难点。财务人员普遍反映，日常工作量大、重复性核对工作多，同个数据在不同单据间反复粘贴。信永中和集团大数据支持部团队自收到反馈意见起，便从各类业务流程入手，结合岗位职责划分，从重复工作量大、人工效率低的关键点着手，提出了多个解决方案，让机器人流程自动化（RPA）参与到共享中心日常工作中，衔接起业务中各人工环节，整体提高财务共享中心运作效率。

RPA机器人可根据财务共享中心系统生成的税务报表，直接完成从登录到申报的各项填报操作，在申报过程中可按照各表数据，准确填报入税务系统中的各申报位置中，且自动打开和保存各张申报表，过程中无须人工参与操作。企业原本设计财务共享中心系统的时候预想创建一个完整的税务闭环，帮助会计人员准确进行申报，避免人为错误发生，但是由于软件的限制，无法在最终的税务申报过程中填报数据，导致前面的税务报表被会计废弃，未发挥出应有的作用。

原本财务人员手动计算，逐表逐数填入税务申报系统，单一家子公司当月填报就需要至少半小时时间。引入RPA后，完成一家公司从登录到填报仅需要10分钟，不但能提高工作效率，还能完善企业原有的税务系统链条，衔接起企业的系统与税务申报系统，减少人为填报错误的可能，简化会计申报的操作。即使在多地的税务系统中填报，也不存在对税务申报软件不熟悉，耗费填报时间的问题。

资料来源：整理自互联网。

# 本章小结

智能识别的基本原理与人类对图像识别的基本原理相似，对图像重要特征分类和提取并有效排除无用的多余特征，进而使图像识别得以实现。光学字符识别（Optical Character Recognition，OCR）是从图像中识别出文字的技术，利用机器将图像中手写或印刷文本转换为计算机可以直接处理的格式。

图像识别是人工智能的一个重要领域，是指利用计算机视觉、模式识别、机器学习等技术对图像进行处理、分析和理解，以识别各种不同模式的目标和对象的技术。计算机图像识别的过程与人脑识别图像的过程大体一致，都是主要经过四个步骤：获取信息；信息预处理；抽取及选择特征；设计分类器及分类决策。

智能识别通过图像文字的识别实现信息录入，有三大特点：提高效率；降低成本；适用性强。智能识别应用现状包括：标准场景文字识别相对成熟；手写文字识别应用逐步扩大；复杂场景文字识别开始探索。

智能识别技术应用在财务共享中心的处理流程中有前端业务处理、共享中心审批处理、纸质附件归档处理。智能识别技术的应用在共享中心流程中的作用有连接纸质流程与电子流程及无须等待纸质原始凭证。

RPA 是通过特定的、模拟人类在计算机界面的操作的技术，按照既定的规则自动执行相应的任务，以达到代替或辅助人类完成重复性的工作的一种自动化流程软件。RPA 是针对各行业存在大批量、重复性、机械化人工操作的情况，提供的一种解决方案。RPA 的特点包括：模拟人工操作、非侵入式运行、可视化界面、完整数据处理链路；RPA 的应用价值有：高效服务、节约成本、安全合规、简单通用、提升价值；RPA 适用的场景特征有：简单重复操作、量大易错业务、全天候工作模式、多个异构系统流转业务。

财务共享服务中的 RPA 有如下五大功能：数据检索与录入、图像识别与转换、跨平台上传与下载、数据重构与分析、信息监控与流程触发。财务机器人的局限性包括：无法处理异常事件、运营保障要求高、财务机器人开发设计缺乏明确的统一标准。

## 【相关词汇】

智能识别（Intelligent Identification）

财务机器人（Financial Robot）

OCR（Optical Character Recognition）

场景特征（Scene Features）

人工智能（Artificial Intelligence）

图像识别（Image Recognition）

机器人流程自动化（Robotic Process Automation）

【思考题】

1. 智能识别在财务共享服务中有哪些具体应用？

2. 财务机器人在财务共享服务中有哪些具体应用？

# 第10章
## 财务共享服务中心建设

Chapter 10

 **学习提要与目标**

本章主要讲解财务共享服务中心的建设。首先，介绍财务共享服务中心的规划，包括确定财务共享服务中心目标、设计财务共享服务建设模式和运营模式；然后，介绍财务共享服务中心运营管理的内容和方法；继而，分析财务共享服务中心存在的风险以及针对不同类型风险的应对策略；最后，展望财务共享服务中心未来发展趋势。

通过本章的学习，应掌握：

- 财务共享服务中心的目标；
- 财务共享服务中心的建设模式；
- 财务共享服务中心的运营模式；
- 财务共享服务中心目标管理的内容和方法；
- 财务共享服务中心制度管理的内容和方法；
- 财务共享服务中心绩效管理的内容和方法；
- 财务共享服务中心服务管理的内容和方法；
- 财务共享服务中心的风险类型；
- 财务共享服务中心的风险管理策略；
- 财务共享服务中心的未来发展趋势。

## 10.1 财务共享服务中心规划

### 10.1.1 财务共享服务中心的目标

在第1章中讲述了财务共享服务可能带来的多方面价值，那么企业规划财务共享服务中心时所制定的目标，也应该与财务共享服务能带来的价值相契合，一般来说主要包括以下目标。

### 1. 降低企业成本

（1）降低人力成本。企业不需要再为每个分公司、子公司设置职能相同的岗位，而是由财务共享服务中心统一处理业务，缩减各分公司、子公司重复岗位的财务人员数量，从而降低人力成本。财务共享服务之后，企业不需要再为每个单位单独设置相同的岗位，而是由财务共享服务中心统一处理业务，同时以工作量为考核方式对共享中心的财务人员进行考核，充分发挥共享中心财务人员的积极性，从而降低人力成本。

（2）降低运营成本。将企业财务岗位及其他职能岗位办公地点迁移至土地价格和房屋租金成本较低的地区，打破企业业务部门和职能部门办公区域不能分离的空间限制，缩减企业在城市核心区域的办公区规模，大幅降低企业运营成本。

（3）降低管理成本。使企业财务管理的组织结构更加扁平化，消除更多非增值作业和重复的业务流程节点，将财务工作集中处理，降低企业管理成本。企业实施财务共享服务后，消除了很多非增值作业和重复的业务流程节点，并将财务工作集中处理，财务人员集中在共享中心办公。使得企业财务管理的组织结构上更加扁平化，降低了企业的管理成本。

### 2. 实现企业标准化

（1）数据口径标准化。建立标准的数据口径，形成层级清晰、结构合理、释义明确、辅助信息完整的会计科目体系，建立合规、统一的会计政策以及统一规范的数据标准体系，为企业决策提供支持。

（2）业务流程标准化。将原来分散在不同业务单位进行的活动和资源整合在一起，优化企业业务流程的标准化，提高企业工作效率。

（3）管理制度标准化。为各分公司、子公司的管理制度提供标准，提升各分公司、子公司的管理水平；同时，减少人为因素对管理的干扰，促进企业整体管理的标准化和规范化。

### 3. 改进财务服务质量，提升财务工作满意度

为各分公司、子公司提供标准化业务，优化流程、提高效率，保障共享服务中心的工作质量，不断提升其他部门对财务工作的满意度。

### 4. 加强企业管控，降低企业风险

集中企业的全部财务业务，对分公司、子公司进行全面监控，实时了解其财务状况。降低分公司、子公司可能遇见的风险，加强企业的管控能力。

**5. 推动企业财务转型**

促使各分公司、子公司的财务人员将主要精力放在管理会计上，更好地支持业务的发展。同时，将企业财务、人力资源和信息管理等职能集中，使得企业变得更加灵活，可以更快地建立新业务，不需要在扩张新业务时考虑建设财务部、人力资源部等职能支撑部门。

需要指出的是，不同企业建立财务共享服务中心的目标可能是不同的，也可能同时设立多重目标。而同一财务共享服务中心，在其建设的不同时期，其目标也是会发生变化的。

### 10.1.2 财务共享服务中心的建设模式

根据企业的不同特点和需要，考虑企业的不同发展阶段，建立财务共享服务中心时采用的模式也是不同的。企业集团财务共享服务中心的建设模式主要有以下几种。

**1. 集中型**

集中型财务共享服务中心建设模式是指企业集团和下属各分公司、子公司的相关财务业务都纳入财务共享服务中心，也就是由一个集中的财务共享服务中心面向全集团提供服务。这种模式适合于业务相对集中的企业集团。集团可以通过建立统一的财务数据标准，减少重复核算，实现资源利用最大化，并且可以在统一标准的基础上对各下属单位进行不同口径的多维度管理分析。这种模式的优点在于可以最大范围地实现财务业务的标准化、规范化；这种模式的缺点在于建设财务共享服务中心时工作量比较大、对人员素质要求比较高，而且要同时适应不同地区的要求。集中型财务共享服务中心建设模式如图 10 - 1 所示。

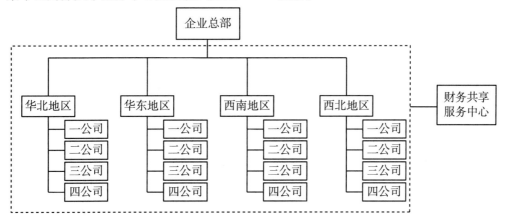

**图 10 - 1 集中型财务共享服务中心建设模式**

### 2. 区域型

区域型财务共享服务中心建设模式是指企业集团依据下属分公司、子公司的不同区域分别集中建设财务共享服务中心，每个区域的财务共享服务中心为这个区域提供财务共享服务。这种模式适合于下属分公司、子公司区域分布比较广泛或者比较均匀的企业集团建设财务共享服务中心。这种模式的优点在于可以根据不同区域的不同环境特点设计财务共享服务中心的特色，更好地适应当地的政策与法律，且距离服务对象比较近，能够增加与服务对象的交流，更快地进行服务反馈；这种模式的缺点在于从整个集团层面来看，属于相对集中模式，标准化程度比集中型要低一些，也相应地增加了财务共享服务中心的建设成本。区域型财务共享服务中心建设模式如图 10－2 所示。

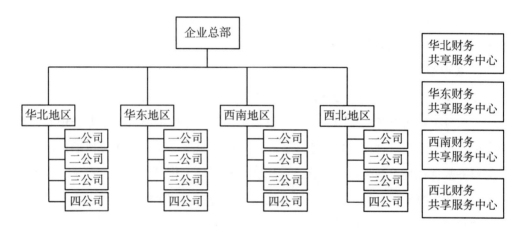

**图 10－2　区域型财务共享服务中心建设模式**

### 3. 业务型或行业型

业务型或行业型财务共享服务中心建设模式是指企业集团依据下属分公司、子公司的不同业务类型或者所属行业类型分别集中建设财务共享服务中心，每种业务类型或者行业类型的财务共享服务中心为这种业务或者行业的分公司、子公司提供财务共享服务。这种模式适合多元化战略的企业集团，企业涉足多种业务类型或多个行业。不同的业务有各自的特色，公司在建设财务共享服务中心时需要注意各种业务的需求，相应地调整成本管理、收支管理、合同管理等管理方式。这种模式的优点在于可以根据不同业务或者行业特点设计财务共享服务中心的特色，更好地满足不同业务或者行业的管理需求并进行精细化管理；这种模式的缺点在于也属于相对集中模式，标准化程度比集中型低，也相应地增加了财务共享服务中心的建设成本。业务型或行业型财务共享服务中心建设模式如图 10-3 所示。

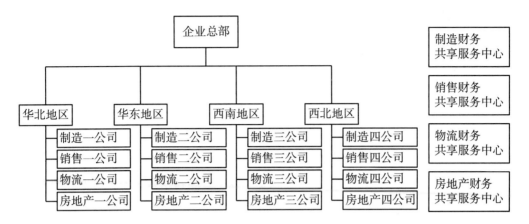

图 10-3　业务型或行业型财务共享服务中心建设模式

### 4. 职能型

职能型财务共享服务中心建设模式是指企业集团依据特定职能分别建设财务共享服务中心，每个职能财务共享服务中心为集团总部和下属各分公司、子公司提供特定职能服务的财务共享服务。这种模式的优点在于能够提供高效、专业和精细化的服务，对各中心的管理相对简单，有利于培养和积累各类职能的专业人才；这种模式的缺点与上面两种模式一样，同样存在标准化程度比集中型低的问题，而且对应不同职能分别建立共享服务中心也可能增加建设成本。职能型财务共享服务中心建设模式如图 10-4 所示。

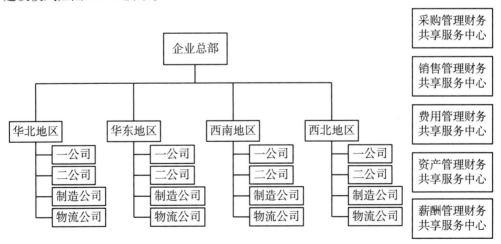

图 10-4　职能型财务共享服务中心建设模式

现实中，不存在能够适合所有企业的财务共享服务中心建设模式，企业所采用的财务共享服务中心建设模式也可能与上述几种模式有所区别。企业需要根据自身情况因地制宜地设计适合自己的财务共享服务中心，未来也还会出现更多种多样的财务共享服务中心建设模式创新。

### 10.1.3　财务共享服务中心的运营模式

企业可以根据自身的运营情况、发展阶段、经营模式、信息化水平等情况，确定财务共享服务中心的运营模式。财务共享服务中心运营模式主要有以下四种类型：初级模式、市场模式、独立模式和众包模式。

**1. 初级模式**

初级模式一般是初次建立财务共享服务中心所必经的模式。这时企业财务共享服务中心刚刚成立不久，技术尚未成熟，集团总部承担着财务共享服务中心的基本运营和决策的任务。在这种模式下，总部组织各分公司、子公司将其总账、应收账款、固定资产、无形资产等会计账簿，交由财务共享服务中心集中处理。这种模式有利于消除多余环节，降低成本，实现规范化标准化的目标。

**2. 市场模式**

市场模式是财务共享服务中心发展到一定阶段所形成的模式。这时财务共享服务中心从集团总部分离了一部分的运营和决策权。同时原来必须向财务共享服务中心提供财务信息的分公司、子公司，可以根据自身对财务共享服务中心服务的需求及满意程度来选择是否继续接受服务。财务共享服务中心开始重视自身的服务质量，提供更专业的服务，同时赚取收入，抵销自身成本，成为半独立的利润中心。目前大多数企业集团采用此类型的服务模式。

**3. 独立模式**

独立模式是财务共享服务中心发展到成熟阶段所形成的模式。这时财务共享服务中心可以作为企业独立经营的一个分支机构，拥有独立的运营权和决策权。同时财务共享服务中心从只服务集团分公司、子公司逐渐扩展至服务外部客户。此时的财务共享服务中心已经成为一个独立的盈利主体，按照市场价格提供服务。目前美国的一些企业与咨询公司会采用此类型的运营模式。

**4. 众包模式**

众包是指一个企业或者机构把过去员工执行的工作任务，以自由自愿的形式外包给非特定的社会上的合作伙伴的做法。在互联网高速发展的今天，将内部烦琐、非机密性任务分包给大众群体以减少企业成本是一个发展趋势，这也很有可能是未来财务共享服务中心发展的趋势。在众包模式下，财务共享服务中心可以将业务更加细分成一个个子任务，每个任务甚至可以小到一个非会计专业的人员通过简单的学习就能熟练完成。财务共享服务和众包模式结合后，可以让财务共享中心减少冗余业务，更加灵活地运营。

相关链接

## 阳光保险的众包模式

2016 年 10 月 17 日，阳光保险发布"阳光财务众包平台"，将古老的会计作业与新兴的互联网结合，开创"互联网＋会计"的共享经济新模式。与网约车通过共享经济的模式整合社会闲散资源类似，该平台将会计作业极致拆分成微任务，并面向互联网用户进行任务招募，由互联网用户抢单、随时处理完成。阳光保险也由此成为首家面向社会大众、采用财务众包模式处理会计事项的企业。

阳光财务众包平台在人力资源，空间和时间上都实现了创新和突破。在人力资源上，众包可以将专业人员才能完成的专业工作，发放给更多没有清晰界限的非专业社会群体来完成，解放专业人才去做更专业的事情；在空间上，相关人员无论是在途中、家里还是公司都可以进行操作；在时间上，专业工作将不在一条连续操作流程中完成，而是将流程打散成若干个细小流程，并由相应的若干人员同时完成。

对企业而言，阳光财务众包平台整合了互联网大众的碎片化时间，释放了企业会计专业人员，能够降低企业运营成本。以阳光保险集团财务共享作业规模为例，以 70% 业务实现众包进行测算，一年节约成本 1000 万元，并且成本节约随着业务规模的扩大会更加明显。

阳光保险集团财务共享中心自 2016 年底推出会计作业众包模式后，经过 1 年多的运营，研发出一款主要针对会计记账业务研发的智能化应用——"慧算"，其使用两套智能算法，依靠海量可用的历史数据进行训练，自动完成多套记账规则建立，多规则校验完成企业会计记账处理。通过智能化解决会计审计记账"最后一公里"的人工操作，从而实现全流程自动化。

对于大型、多元化发展的企业而言，记账规则相对复杂，需要大脑记忆的规则很多，当记账处理需求量大时，就需要补充大量人员完成，效率和质量也会受到影响。而"慧算"智能核算软件的应用，能够很好地解决此类问题。秒级判断、高速运算、降低成本、减少人力投入是"慧算"的突出特点。

资料来源：陈俊岭，中国证券网。

## 10.2 财务共享服务中心运营管理

### 10.2.1 目标管理

目标管理理论是由美国管理大师彼得·德鲁克（Peter Drucker）提出的，是以目标的设置和分解、实施及完成情况的检查、奖惩为手段，通过员工的自我管理来实现企业的经营目的的一种管理方法。一方面强调完成目标；另一方面强调人的作用，强调员工共同参与目标制订、实施、控制和评价等环节。

财务共享服务中心的运营管理，首要目标就是做好目标管理。目标就像是北极星，为公司指明前进方向，同时制定目标也能作为财务共享服务中心进行业绩评判的标准，为绩效管理作铺垫。关于财务共享服务中心的战略目标本章第一节已经说明，其建立的目标包括降低企业成本、实现企业标准化、改进服务质量、提升企业价值等。根据不同战略目标可以采用不同的实施措施，例如，企业以降低成本为主要目标，则企业可以通过采用新技术、推行定额管理、加强预算控制等方式实施管理；企业以优化监管为主要目标，则企业可以通过关注各流程风险点、制定操作规范手册等方式实施管理；企业以提升企业价值为主要目标，则企业可以通过关注客户满意度、关注企业在产业链上的价值体现、实现企业财务转型等方式实施管理。

### 10.2.2 制度管理

制度管理是为了维护企业正常运行的一种约束、规章。在企业内不论是大企业整体，还是小到部门内每个员工都设有相应的管理制度。在企业进行财务共享服务中心制度管理的过程中，会涉及制度的规划、梳理、编写、发布和持续优化等多个环节，且每个环节具有一定的周期性，这需要企业及时调整财务共享服务中心制度管理的整体框架和制度清单。

财务共享服务中心制度总体分为内部制度和外部制度，外部制度服务于使用者，如员工报销手册、财务共享中心系统使用手册；内部制度服务于财务共享服务中心，如财务报告制度、成本核算流程等。内部制度可以细分为三个维度：业务制度、业务操作制度、运营管理制度。其中，业务制度包括会计核算制度、费用报销制度、全面预算管理制度等；业务操作制度包括各类费用审核制度、成本核算流程、收入核算流程、档案管理流程等；运营管理制度包括组织管理办法、时效管理办法、培训管理办法、服务管理办法等。财务共享服务中心制度管理如图 10 - 5 所示。

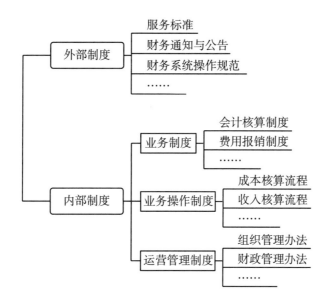

**图 10 - 5　财务共享服务中心制度管理结构**

## 10.2.3　绩效管理

绩效管理是在目标管理的基础上，依据企业制度，对组织和个人绩效的监控与评价的方法。它涉及组织管理与运营的方方面面，管理对象总体上分为组织绩效和个人绩效。

**1. 财务共享服务中心的组织绩效**

财务共享服务中心的组织绩效设计旨在通过多种维度评价一个财务共享服务中心的运营和管理水平。目前一般企业对于组织绩效的考评通常使用平衡计分卡方法。

20 世纪 90 年代初由哈佛商学院的卡普兰（Robert Kaplan）教授和美国复兴全球战略集团总裁诺顿（David Norton）提出的"平衡计分卡"（Balanced Score Card，BSC）打破了传统的单一使用财务指标衡量绩效的方法。从财务、客户、内部流程和学习成长等 4 个维度对企业进行绩效衡量，形成了一套新的经营绩效考核系统。

---

相关链接

### 财务共享服务中心员工绩效管理案例

美铝公司（Alcoa）是全球领先的氧化铝、电解铝和铝加工产品的生产商，同时是全球最大的铝土矿开采商和氧化铝精炼商，在全球 31 个国家和地区拥有 200 多个运营点，雇用员工约 59 000 人。

随着经济全球化和信息技术高速发展，国内外大中型企业集团建立财务共享服务中心（FSSC）成为主要的发展趋势。FSSC 的管理是多角度、多维度的，必须通过合理、完备的绩效管理体系来保障各维度得到全面关注，实现其提高业务处理效率、提升会计信息质量等的企业战略目标。美铝亚洲 FSSC 总监陈妍妍在分享美铝亚洲财务共享服务中心绩效管理经验时提出，建立完善的 KPI 体系，对财务共享中心进行绩效衡量。

FSSC 的 KPI 建立，可以从内部运营和客户两个角度来考量，内部运营包括会计信息处理质量和效率、对内对外的资金结算是否及时、准确；客户指标包括业务单位对财务共享服务的满意程度、投诉处理率等。在美铝公司，陈妍妍指出，根据服务等级协议和客户需求建立的 KPI 是不断变化的，需要定期复核以淘汰不适用的指标，保证测评工作的有效性。美铝公司 KPI 衡量三个方面：财务共享服务中心的运作效率、服务质量和业务工作量。这些 KPI 的设计是由共享服务中心负责人和内部客户共同制定的，以保证 KPI 评价符合客户需求以及其对服务质量的预期。

资料来源：整理自互联网。

---

对于财务共享服务中心的组织绩效考评，平衡计分卡的绩效考核关键因素一般不超过 8 个，同时应当兼顾财务共享服务中心的多个层面，在财务层面、客户层面、内部流程层面、学习和成长层面取得平衡，并且不同行业的企业应当采用不同指标全面考察各个层次的绩效。图 10-6 所示是某商业银行组织绩效考评的平衡计分卡。

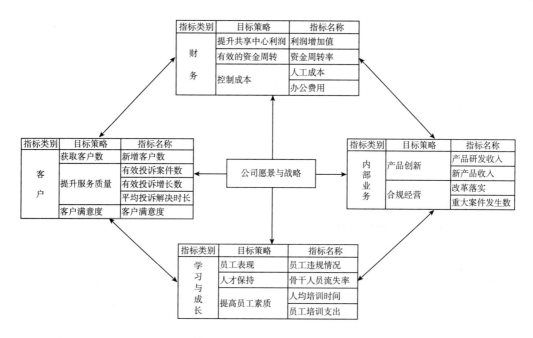

图 10-6 某商业银行组织绩效平衡计分卡样例

以商业银行的财务共享服务中心为例。在财务层面，为提升财务共享中心作为利润中心的盈利能力，设置利润增加值、资金周转率等指标，为控制财务共享服务中心成本，设置人工成本、办公费用等指标。在客户层面，当财务共享服务中心以客户为导向，在设计绩效考核的指标体系时，可设置获取客户数、提升服务质量、客户满意度等指标。但是，这种指标体系也有其局限性，比如客户满意度的评价是客户的主观态度而不是其客观行动，因此还需要与客户保持率等指标相结合。在内部业务层面，为实现财务共享服务中心的服务质量不断优化升级，需要不断进行产品创新，即采用产品研发投入以及新产品收入进行评价。最后，在学习与成长层面，绩效考核的目标应该是提高员工素质，增强员工满意度，使员工成为训练有素且士气高昂的工作团队，因此可设置员工人均培训时间、员工培训支出、骨干员工流失率等绩效考核指标。

在现实生活中，企业在评价组织绩效时并不一定必须使用平衡计分卡的方法，企业可以根据自身特点结合平衡计分卡的模式，采用不同的评价维度对企业组织绩效进行评价。

**2. 财务共享服务中心的人员绩效**

在财务共享服务中心，岗位一般分为三类：业务处理岗位、管理岗位、维护岗位。业务处理岗位的特点是重复性高、标准化程度高以及日常应对的业务较为单一；

管理岗位的特点是重复性低、业务复杂程度高、对个人学习能力与个人创新能力要求高；维护岗位的特点是需要了解财务共享服务中心的程序设定、处理财务共享服务中心技术方面的问题、对个人计算机与编程专业能力要求高。

财务共享服务中心人员绩效的评价分为定性评价与定量评价，根据岗位的不同所采用的绩效评价方式也不相同。对于业务重复性高、标准化程度高、日常业务较为单一的业务处理岗位可以采用定量评价为主，定性评价为辅的方式进行测评，如关键绩效指标（KPI）法，对于业务复杂、标准化程度较低的岗位如管理岗位与维护岗位，一般多以定性评价结合部分定量评价的方式进行测评。

定量分析一般采用关键绩效指标（KPI）法。关键绩效指标法最早由丹尼尔（D. Ronald Daniel）提出，1999 年麦肯锡公司应用关键绩效指标法来解读战略实施问题，将企业绩效评价指标和企业战略相挂钩，引导员工关注重点任务，使得企业战略得到层层落实。关键绩效指标具有价值导向的功能，能够切实细化分解企业战略目标，使企业更快地达成宏观战略目标。类似于平衡计分卡，KPI 方法是通过企业或者部门的战略目标，自行设定考核指标的一种方法。其主要指标有以下几个方面。

（1）个人工作量日报：财务共享服务中心人员在初审环节、稽核环节、复核环节、制证环节的处理单据数量和金额合计数。

（2）单据处理日均时长：财务共享服务中心人员在初审环节、稽核环节、复核环节、制证环节的平均处理时长、最大时长和最小时长。

（3）每日个人工作排名：根据单据数量、金额以及时效作为排序依据，每日对共享中心业务处理人员的绩效进行排序。

（4）业务完成趋势分析：将单据数量、金额作为排序依据，统计一段时间内初审环节、稽核环节、复核环节、制证环节的业务处理数量以及待处理业务的数量。

（5）业务分类汇总：统计一段时间内初审环节、稽核环节、复核环节、制证环节不同单据的单据数量、金额汇总数。

## 10.2.4　服务管理

服务管理是考察企业对客户的服务效果、服务能力、服务时限、服务态度等维度的重要方式。财务共享服务中心通过服务管理工具，了解、分析客户需求，达到客户满意的目标。

财务共享服务中心的管理工具多种多样，如服务热线、公共邮箱、交流网站等。服务质量的测评可以通过电话访谈、调查问卷、网络评价的方式反馈。财务共享中心服务流程如图 10 - 7 所示。

**图 10 - 7  财务共享中心服务流程**

其中，在财务共享服务中心中，通过获取实时的服务数据，并对各种提升服务质量的工具采集到的服务数据进行数据挖掘，通过人工智能、商业智能等智能技术进行分析、决策，并将可视化的结果展示给管理层，从而帮助管理层制定更好的服务方案。

满意度管理是服务管理中重要的一环，在服务管理流程中，企业主要通过各种满意度调查获取服务质量数据。满意度调查可以通过多种多样的方式进行，如满意度问卷调查、电话访谈等。

---

相关链接

## 财务共享服务中心服务质量调查问卷

A 公司是一家大型企业，随着经济全球化和信息技术高速发展，近几年使用了财务共享服务中心。为了调查财务共享服务中心的服务质量，该公司设计了调查问卷，用于内部外部客户满意度的调查。

1. 您对本公司财务共享中心的总体评价是（    ）。

A. 满意    B. 比较满意    C. 一般    D. 不满意    E. 非常不满意

2. 您对本公司财务共享中心人员专业能力的评价是（    ）。

A. 满意    B. 比较满意    C. 一般    D. 不满意    E. 非常不满意

3. 您对本公司财务共享中心运行效率的评价是（    ）。

A. 满意    B. 比较满意    C. 一般    D. 不满意    E. 非常不满意

4. 您对本公司财务共享中心运行服务的评价是（    ）。

A. 满意    B. 比较满意    C. 一般    D. 不满意    E. 非常不满意

5. （多选题）您认为本公司财务共享中心哪些工作需要改进（    ）。

A. 工作效率    B. 流程简化    C. 业务熟练度    D. 其他方面（请注明：_____）

## 10.3　财务共享服务中心风险管理

### 10.3.1　财务共享服务中心风险类型

**1. 企业战略风险**

（1）业务界定模糊。企业在建立财务共享服务中心初期，对其业务范围的界定不清晰。如果业务范围过大，财务共享服务中心不能胜任其任务，并且由于业务范围过大，财务共享服务中心势必占据更多的企业资源，这将会受到企业内部其他部门的阻力，影响财务共享服务中心的建设推进；如果业务范围过小，财务共享服务中心发展受限，难以充分发挥财务共享服务中心的价值。

（2）财务共享服务中心选址不当。财务共享服务中心的选址地点应考虑企业的战略目标与管理需求。如选址不当，则会为公司带来较高的运营成本，以及各种资源难以协调，同时受到地方经济、政治、法律等宏观因素影响，将会导致财务共享服务中心不能取得预期的经济效益、无法达成企业战略目标。

**2. 组织内部风险**

（1）岗位人员分配不均衡。财务共享服务中心按企业内部业务一般分为应收、应付、成本、费用、资产、总账、资金七个部门，部门员工人数均是根据前期业务工作量测算得出。建立财务共享服务中心后可能存在前期业务工作量测算与实际业务工作量具有一定的差距，导致部分部门工作量与员工数量不均衡，造成部分部门人员短缺严重。

（2）员工对新工作内容不适应。如果财务共享服务中心人员主要为原来各分公司、子公司的财务人员，则可能会存在该风险。由于部分财务人员的思想观念落后、信息化操作能力较弱、缺乏现代化管理及服务理念，加之对新系统、新模式的不熟悉和对新岗位的不适应等因素，而造成部分部门整体效率较低。

（3）工作职责不清晰。企业构建财务共享服务平台相关的系统交互时需要如报账系统、影像系统、税务系统、档案系统、资金系统等多系统进行集成，作为业务人员的统一输入界面与财务共享服务中心财务人员的日常工作平台，支撑财务共享服务中心的运转。多系统意味着多接口、多界面，而财务共享服务平台是一个整体，需要多系统通过多接口进行配合，但具体实践中往往出现子系统间界面不清晰导致各系统开发及维护人员的职责不清晰。

**3. 系统设计风险**

（1）系统不稳定。财务共享服务中心构建的基础是信息化平台的搭建，新搭建的财务共享服务系统虽然经历小规模、小范围的测试，但毕竟不能包括企业集团所有的实际业务场景，测试过程中也不可能直接与银行、税务部门系统联动。因此在财务共享服务中心上线运营初期，随着实际业务的大量提报，诸多系统漏洞将会逐渐显现，影响业务的开展。

（2）数据不安全。财务共享后，将导致大量数据以云端形式储存与传输，这就对数据的储存、传递、加工、备份的安全性要求更高，任何环节出现问题将导致关键机密泄露、系统信息遭到篡改，严重影响企业的运转。

## 10.3.2　财务共享服务中心风险的应对策略

**1. 企业战略风险应对策略**

第一，企业应明确建设财务共享服务中心的任务是通过财务共享模式，将具有同质性的、高度重复的、易于标准化的业务进行统一处理。但对于一些复杂的业务如投资选择、税收筹划、产品设计，很难实现共享服务模式。因此无论是否选择财务共享模式，或者在财务共享服务中心日后发展的过程中，都不能一味地追求共享的模式而忽略业务的本质。对共享的业务范围进行严谨慎重的考量，对于财务共享服务中心的自身发展及更好地实现企业战略目标具有积极的作用。

第二，在应对选址风险时，应充分考虑企业战略目标以及当地人力资源成本、运营成本、税收法律政策、经济环境等方面综合考察。例如企业建立财务共享服务中心的目标是降低成本，财务共享服务中心的选址应当选择人力资源成本较低、土地成本较低、同时税收优惠政策较多的地区建立财务共享服务中心。事实上，不存在满足所有条件的选址，企业应在决策过程中做适当的取舍，选择最适合自身的地址建设财务共享服务中心。

**2. 组织内部风险应对策略**

合理的人力资源配置才能最大化地促进与发挥出财务共享服务中心工作人员的主观能动性与积极性。针对财务共享服务中心运营过程中任务量与岗位人员配置不均衡的风险，可以从以下几个方面进行应对：首先，根据财务人员的综合能力与业务水平在不同部门间进行合理的调配，保证每个部门均有综合能力强的业务人员来领导；第二，开展多种形式的培训，使共享中心人员的系统操作水平、业务处理能力等方面稳步提升；第三，针对业务量大且每月重复出现、标准化程度高的业务，积极实践利用机器人进行处理，将财务人员从大量重复的工作中逐步解脱出来。

为应对工作职责不清晰的问题，财务共享服务中心应成立统一的运维团队面向客户及共享中心人员提供服务，制定完善的系统日常运维方案并严格执行问责制，使系统使用者在操作中发现的系统问题、新增的需求、权限的调整等均有渠道上报并能得到反馈，促进系统不断完善。

**3. 系统设计风险的应对策略**

（1）提升系统稳定性。信息系统作为运行财务中心的重要保障，其作用不容小觑，为保证财务共享服务中心的健康稳定运营，信息系统需具备高度的稳定性。面对系统上线初期的诸多问题，运维团队应建立面向所有用户的沟通群、开通热线电话、提供服务邮箱，通过多渠道收集系统运行中的问题，并每半天向开发团队反馈一次。开发团队定期发布更新，高效地对系统进行升级迭代，从而保证问题越来越少。

（2）加强数据库建设与保护机制。保序加密的数据安全保护技术是目前非常有效的一种安全保护技术，利用字形符号对数据资料进行加密保护，模糊整个资料的排列顺序，能够大幅度提升数据资料的安全性。这种保护技术不但可以避免外泄数据资料，确保实际资料完整精确，还能够在未被破解的前提下操作资料库中的信息和数据。虽然这种加密方式保护性很好，但这种算法是非常复杂的，会耗费大量的时间，并且应用技术有待于进一步提升和发展。但这一技术对数据保护方面提供了一种值得借鉴的思路与方法。

# 10.4　财务共享服务中心未来发展趋势

## 10.4.1　业务延伸

在国家大力推动数字化转型的背景下，建设业财融合的财务服务共享中心，使得企业在激烈的市场竞争中形成核心竞争力。现阶段，我国企业在利用财务共享服务中心时，数据利用价值不高，而集中海量数据的财务共享服务中心的功能远远不止如此。在未来，企业应该实现财务共享服务中心的业务延伸，在完成传统交易性业务工作，如应收账款、应付账款、固定资产、费用报销等流程外，投入更多的技术与资金，研发税收筹划、资金运作、风险管控等更先进的管理功能，促进企业向管理会计方向转型，这样才能使财务共享服务中心拥有更高的价值，最大限度地帮助企业进行财务管理。

### 10.4.2　承担管理会计职能

数据中心被视为大型集团企业管理信息系统的"心脏"。近年来，大型企业和政府机构都纷纷建设财务共享服务中心作为数据处理中心，以满足自身业务发展与精细化管理的需求。随着"云计算""大数据""移动互联网""智能化"等信息技术的不断发展，财务共享服务中心有望成为企业未来的大数据平台。

在大数据平台的基础上，财务共享服务中心可以通过将分散的业务集中进行处理，实现降低成本的目的，同时有效提升成本数据的完整性、真实性。成本会计作为管理会计中最重要的一支，其中的核心即成本分摊问题，也可以得到有效的解决。

与此同时，对于实施全面预算管理的企业集团，预算的编制依据不足、编制质量不高、难以通过预算实施事前和事中控制是公司面临的主要难题。实施财务共享模式后，财务共享服务中心为预算编制提供了基础数据支撑，有助于预算的编制更加准确。同时企业可以通过财务共享服务中心获得各个分公司、子公司的真实、完整的数据，便于进行集中管控，对预算执行结果以统一的标准进行衡量，从而加大考核的公平性，使绩效考核更为准确有效。

财务共享服务中心也为企业的管理会计报告提供了巨大的帮助，财务共享服务中心全面打通了业务、财务、管理信息系统，业务流程实现了标准化与规范化，使企业准确地获得大量的财务数据，这些数据为编制管理会计报告夯实了基础。

### 10.4.3　人工智能融合

大型企业集团在财务共享中心的基础上，逐步探索将人工智能加入财务共享中心系统。人工智能的机器人视觉可以代替人工识别，在大量采集数据与文本中自主学习，完成智能化判断。目前大量的审核工作，在未来都可以使用人工智能技术取代传统人工审核的方式自主进行判断、审核。

在传统会计业务处理过程中，对企业财务数据的分析，多采用简单的统计学方法进行分析，而统计学中大量的更为精确的方法却没有应用到财务分析过程中。人工智能是统计学与计算机的结合，在处理众多财务数据的同时，可以进行由简单到复杂的统计学分析，从而建立较为精确的财务数据分析模型，真正实现财务数据分析数字化。

同时人工智能结合财务共享服务中心，可以为企业内部过去与当前的信息进行总结，建立模型，进行分析，并以此对未来经营情况进行预测、判断，为企业决策提供更加科学、可靠的依据。不仅如此，人工智能还可以通过分析全球经济变化、国家的宏观经济以及同行业竞争对手的数据，真正帮助企业了解经济形势、了解竞争对手，以便更好地进行决策。

### 10.4.4　共享服务一体化

共享服务中心，不仅可以在财务业务上实现共享，在未来还可以将共享模式运用到其他领域，如人力资源共享中心、信息技术共享中心、法律服务共享中心、客户服务共享中心等。随着共享中心的不断发展，财务共享服务中心可以与其他共享中心不断融合，从多个共享中心演变为一个综合共享中心；同时，共享中心的服务内容也从传统的交易性流程工作如应收账款、应付账款、固定资产、费用报销等流程逐步扩展至税收筹划、资金运作、风险管控等高价值流程工作。

### 10.4.5　共享服务全球化

随着财务共享服务的概念被引入，众多国企逐渐开始尝试采纳财务共享服务模式，纷纷开启财务共享服务实践。在财政部和国资委的政策鼓励下，很多央企陆续开始规划和建设自己的财务共享服务中心，掀起了国内财务共享服务的热潮。同时，在"一带一路"倡议提出后，越来越多的中国企业"走出去"，海外业务不断扩张，中国涌现出越来越多的全球化企业。这就需要企业根据自身的业务特点及未来的战略目标来建立全球的共享中心，以解决其全球的会计业务。

在这种模式下，各种跨职能、跨地区的业务都可以得到高效处理，同时也对财务共享服务中心在服务业务广度、服务深度、服务灵活度方面提出了更高的要求。

财务共享服务全球化为企业全球化战略注入动力。

## 本章小结

综合本章所述，财务共享服务中心规划是建设财务共享服务中心的首要任务和关键步骤，主要包括确定财务共享服务中心目标、设计财务共享服务建设模式和运营模式等内容。企业规划财务共享服务中心时所制定的目标应该与财务共享服务能带来的价值相契合，一般来说主要包括：降低企业成本；实现企业标准化；改进财务服务质量，提升财务工作满意度；加强企业管控，降低企业风险；推动企业财务转型。企业集团财务共享服务中心的建设模式主要有集中型、区域型、业务型或行业型以及职能型。财务共享服务中心运营模式主要包括初级模式、市场模式、独立模式和众包模式。

运营管理是企业对产品生产和服务进行的设计、运行、评价、优化的活动。财务共享服务中心的运营管理工作包括目标管理、制度管理、绩效管理和服务管理等内容。

财务共享服务中心还要特别重视风险管理工作。财务共享服务中心的风险类型包括企业战略风险、组织内部风险和系统设计风险。其中企业战略风险主要包括业务界定模糊和财务共享服务中心选址不当；组织内部风险主要包括岗位人员分配不均衡、员工对新工作内容不适应以及工作职责不清晰；系统设计风险主要包括系统不稳定和数据不安全。财务共享服务中心对于各种类型不同的风险应该有针对性的应对策略。

在日新月异的信息技术驱动下，财务共享服务中心还会不断发展，为企业带来更大价值。财务共享服务中心未来可能的发展趋势包括业务的延伸、承担管理会计职能、与人工智能融合、共享服务一体化以及共享服务全球化等。

### 【相关词汇】

市场模式（Marketing Model）

独立模式（Independent Model）

财务转型（Financial Transformation）

众包模式（Crowdsourcing Model）

目标管理（Management by Objectives）

制度管理（System Administration）

绩效管理（Performance Management）

服务管理（Service Management）

风险管理（Risk Management）

战略风险（Strategic Risk）

组织内部风险（Risks within the Organization）

系统设计风险（System Design Risk）

管理会计（Management Accounting）

人工智能（Artificial Intelligence）

一体化（Integration）

全球化（Globalization）

【小组讨论】

分组讨论怎样理解财务共享服务中心建设的风险点，并进行分享。

【思考题】

1. 财务共享服务中心未来的发展趋势还有哪些新的思路？

2. 未来还有什么新的技术可能在财务共享服务中心中应用？

# 参 考 文 献

［1］［英］Alok Mani Tripathi．RPA 学习指南：使用 UiPath 构建软件机器人与自动化业务流程［M］．李永伦，陈嘉芙，译．北京：北京航空航天大学出版社，2020．

［2］陈虎，陈东升．财务共享服务案例集［M］．北京：中国财政经济出版社，2014．

［3］陈虎，孙彦丛，郭奕，郑芳，陈东升，赵旖旎，罗艳．财务就是IT——企业财务信息系统［M］．北京：中国财政经济出版社，2017．

［4］陈虎，孙彦丛，赵旖旎，常亮．从新开始——财务共享 财务转型 财务智能化［M］．北京：中国财政经济出版社，2017．

［5］陈虎，孙彦丛，赵旖旎，郭弈，白月．财务机器人：RPA 的财务应用［M］．北京：中国财政经济出版社，2018．

［6］陈虎，孙彦丛．财务共享服务［M］．北京：中国财政经济出版社，2018．

［7］陈平，庄淇，翟祥闻，蔡花艳，周思达．财务共享服务［M］．成都：西南财经大学出版社，2020．

［8］陈启申．ERP——从内部集成起步［M］．北京：电子工业出版社，2005．

［9］达观数据．智能RPA实战［M］．北京：机械工业出版社，2020．

［10］付建华．财务共享：财务数字化案例精选［M］．上海：立信会计出版社，2019．

［11］贾小强，郝宇晓，卢闯．财务共享的智能化升级：业财税一体化的深度融合［M］．北京：人民邮电出版社，2020．

［12］肯尼斯·C．劳顿，简·P．劳顿．管理信息系统［M］．黄丽华，俞东慧，译．北京：机械工业出版社，2018．

［13］马建军．财务共享综合实训［M］．北京：电子工业出版社，2019．

［14］［美］迈克尔·波特．竞争优势［M］．北京：华夏出版社，2005．

［15］欧阳爱平．会计学原理［M］．北京：经济科学出版社，2007.

［16］潘爱香．管理会计学［M］．北京：经济科学出版社，2006.

［17］孙茂竹，文光伟，杨万贵．管理会计学［M］．北京：中国人民大学出版社，2009.

［18］孙玥璠，谢萍．会计学［M］．北京：经济科学出版社，2015.

［19］田高良，方永利．财务共享理论与实务［M］．北京：高等教育出版社，2020.

［20］王兴山．数字化转型中的财务共享［M］．北京：电子工业出版社，2018.

［21］薛华成．管理信息系统［M］．6 版．北京：清华大学出版社，2012.

［22］徐经长，孙蔓莉，周华．会计学：非专业用［M］．北京：中国人民大学出版社，2018.

［23］张庆龙，聂兴凯，潘丽靖．中国财务共享服务中心典型案例［M］．北京：电子工业出版社，2016.

［24］张瑞君，蒋砚章，殷建红．会计信息系统［M］．8 版．北京：中国人民大学出版社，2019.

［25］张瑞君．网络环境下会计实时控制［M］．北京：中国人民大学出版社，2004.

［26］中国注册会计师协会．2020 年注册会计师全国统一考试辅导教材：审计［M］．北京：中国财政经济出版社，2020.

［27］Gunn, R. W., Carberry, D. P., Frigo, R. & Behrens, S. Shared Services：Major Companies Are Re-engineering Their Accounting Functions［J］. Management Accounting (USA)，1993，75（5）：22－29.

［28］Hammer, M. Reengineering Work：Don't Automate, Obliterate［J］. Harvard Business Review, 1990, 68（4）：104－112.

［29］Moller, P. Implementing Shared Services in Europe［J］. Treasury Management International, 1997.

［30］Schulman, D. S., Harmer, M. J., Dunleavy, J. R. & Lusk, J. S. Shared Services：Adding Value To The Business Units［M］. New York：Wiley, 1999.

# 作品知识产权与法律责任声明

中兴新云 FOL 财务云信息系统，是基于中兴新云团队多年沉淀的财务共享管理理念及信息化建设经验形成的，采用成熟、领先的 IT 技术框架，实现业务数据的自动采集和财务处理的智能高效，帮助企业发挥数据价值。本书中所涉及的系统截图皆是在中兴新云 FOL 财务云信息系统的平台上完成的，知识产权归"深圳市中兴新云服务有限公司"所有，读者仅可用于个人学习或研究，未经中兴新云许可，禁止用于任何商业性、盈利性用途，包括但不限于将系统截图用于文章发表、书籍出版、公开演示等。如有违反，我们将依法追究其法律责任。

深圳市中兴新云服务有限公司

**图书在版编目（CIP）数据**

财务共享服务教程 / 孙玥璠，孙彦丛著 . —北京：
经济科学出版社，2021.2
ISBN 978 – 7 – 5218 – 2368 – 4

Ⅰ . ①财… Ⅱ . ①孙…②孙… Ⅲ . ①企业管理 –
财务管理 – 高等学校 – 教材 Ⅳ . ①F275

中国版本图书馆 CIP 数据核字（2021）第 029082 号

责任编辑：齐伟娜 初少磊 尹雪晶
责任校对：王苗苗
责任印制：李 鹏 范 艳

**财务共享服务教程**
孙玥璠 孙彦丛 著
经济科学出版社出版、发行 新华书店经销
社址：北京市海淀区阜成路甲 28 号 邮编：100142
总编部电话：010 – 88191217 发行部电话：010 – 88191540
网址：www. esp. com. cn
电子邮箱：esp@ esp. com. cn
天猫网店：经济科学出版社旗舰店
网址：http://jjkxcbs. tmall. com
北京季蜂印刷有限公司印装
787 × 1092 16 开 14.75 印张 250000 字
2021 年 2 月第 1 版 2021 年 2 月第 1 次印刷
ISBN 978 – 7 – 5218 – 2368 – 4 定价：49.80 元
（图书出现印装问题，本社负责调换。电话：010 – 88191510）
（版权所有 侵权必究 打击盗版 举报热线：010 – 88191661
QQ：2242791300 营销中心电话：010 – 88191537
电子邮箱：dbts@ esp. com. cn）